U0831230

电力营销一线员工作业一本通

阳光业扩

《阳光业扩》编委会　编

中国电力出版社
CHINA ELECTRIC POWER PRESS

图书在版编目（CIP）数据

阳光业扩 /《阳光业扩》编委会编.
—北京：中国电力出版社，2022.10
（电力营销一线员工作业一本通）
ISBN 978-7-5198-6327-2

Ⅰ.①阳… Ⅱ.①阳… Ⅲ.①供电－工业企业－商业服务－中国 Ⅳ.①F426.61

中国版本图书馆CIP数据核字（2021）第269722号

中国电力出版社出版、发行
（北京市东城区北京站西街19号 100005 http://www.cepp.sgcc.com.cn）
北京华联印刷有限公司印刷
各地新华书店经售
*
2022年10月第一版 2022年10月北京第一次印刷
787毫米×1092毫米 32开本 8.25印张 178千字
定价 50.00元

版权专有 侵权必究
本书如有印装质量问题，我社营销中心负责退换

编　委　会

主　编　杨玉强

副主编　潘巍巍

成　员　何文其　黄武浩　周　俊　李　骏　侯素颖　许小卉　金家红　胡　泳
常　冲　汪晓琴　张金鹏　徐文华　李海峰

编　写　组

组　长　李　骏

副组长　金家红

成　员　胡　泳　常　冲　汪晓琴　赵国波　韦亚敏　张双权　张　杰　戴润铭
徐晨凯　何　璐　妳秋婷　毛逸楠　刘　泓　高国勇　祝　毅　吴从力
辛建江　朱佳蕾　耿强峥　周　余　蒋　翊　陈烨洪　徐建生　赵　睿
王未央　王长江　孙糊和　李花琴　周璐瑶　洪丽俊　陈俊杰

丛书序

这是一套电力营销一线员工自己写的书，也是一套写给电力营销一线员工看的书。

供电服务是电力企业的生命线。如何提高电力营销一线员工作业水平，更好地满足社会公众对电力优质服务的期望，是大家孜孜以求的课题。在当前形势下，这一课题的研究尤为迫切。

国网浙江省电力公司市场营销部充分结合实际，组织有丰富实践经验和一定理论基础的一线技术骨干，不断提炼、总结，历经两年，编成了这套丛书。丛书主要体现以下几个特点：一是内容清晰涵盖了全业务流程。其内容主要涵盖了营业窗口、装表接电、用电检查和抄表催费四大电力营销业务，对每项业务均全面细致地叙述了服务范围、现场作业、应急处理等事项，还有举例说明，工作要点明确，步骤清晰，流程规范。二是注重实用实效。新员工只要按书中所述步骤去操作，就能很快掌握电力营销业务基本技能，达到优质服务的水平；老员工也可以从中获得启发，触类旁通，取得新进步。三是图文并茂，有趣易学。如《抄表催费》分册中的抄表员被马蜂叮伤的紧急处理，既有清晰的流程图，又有翔实的文字说明，还配有简单明了的漫画，能使员工很快掌握要点。为便于培训或自学，有些分册配套了形象生动的教学视频。在使用过程中，员工被这套丛书深深吸引，培训效果立竿见影。

最后，向这套丛书的出版表示诚挚的祝贺，向付出辛勤劳动的编写人员表示衷心的感谢。

前　言

为全面践行国家电网公司“人民电业为人民”的企业宗旨，进一步强化电力营销基层班组的基础管理，提高电力营销基层员工的基本功，持续提升供电服务水平，一批来自电力营销的基层管理者和业务技术能手，本着“规范、统一、实效”的原则，编写了内容涵盖业扩报装、营业窗口、装表接电、用电检查、抄表催费、电费核算、电费账务等各个专业的《电力营销一线员工作业一本通》丛书。

本丛书编委会结合电力营销专业各岗位的特点，遵循电力营销有关法律、法规、规章、制度、标准、规程等，紧扣营销实际工作，从岗位的服务规范、应急处理、日常运营、故障分析处理等出发，编写了本丛书，并开展了审核、统稿、专家评审等工作。在编写过程中，编委会还通过一边编写一边实训的方式，带动和培养了一批优秀的技能人才。同时，该套丛书具有图文并茂、通俗易懂、方便自学等特点，得以在基层员工中落地开花。

本书为《电力营销一线员工作业一本通》丛书之《阳光业扩》分册，着重以"阳光业扩"政策为主，业扩报装岗位在新形势下的典型工作进行了梳理和分析，结合数字化工具的应用，从客户视角出发，深入浅出地体现了"阳光业扩"政策便捷、透明的特点，为一线电力营销服务人员提供业扩作业指导。

本书的编写得到了各位领导、专家的大力支持，在此谨向参与本书编写、研讨、审稿、业务指导的各位领导、专家和有关单位致以诚挚的感谢！

限于编者水平，疏漏之处在所难免，恳请各位读者提出宝贵意见。

本书编委会

2022年8月

目 录

Part 3 服务保障篇 >>

Part 1

基础知识篇 >>

基础知识篇为“阳光业扩”的简要介绍，主要指导读者了解“阳光业扩”政策的内涵及主要举措，并介绍工作目标和服务规范，旨在建立起对“阳光业扩”的政策理念认知，提升客户服务意识，规范业扩服务行为，提高服务质量。

一 “阳光业扩”简介

“阳光业扩”是国家电网公司为认真贯彻落实党中央、国务院优化营商环境决策部署，切实践行“人民电业为人民”的企业宗旨，坚持以客户为中心，主动适应市场、贴近客户、接受监督，积极构建“便利化、透明化、标准化、规范化”的服务模式，以提升客户“获得电力”满意度为目标，优化服务体系机制、变革服务方式、完善服务手段，进一步推动公司“获得电力”服务再上新台阶而提出的重要服务举措。

“阳光业扩”是对业扩报装工作的客户侧体验的全面升级。业扩报装是指供电企业办理用户用电申请和报装接电等工作内容的统称。

业扩报装业务范围包括：

新装

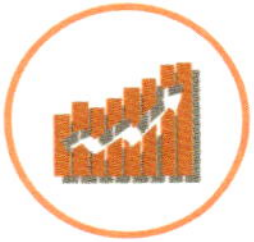

增容

临时用电

二 “阳光业扩”工作目标

打造“阳光业扩”服务品牌，树立国内营商环境先行示范

率先推行“三零”“四省”服务，打造“阳光业扩”服务品牌，树立国内营商环境先行示范。

- 高压客户办电环节压减至“业务受理”“供电方案答复”“竣工检验和装表接电”3个环节；
- 低压客户办电环节压减至“业务受理”“装表接电”2个环节。

- 高压单电源用户、高压双电源用户合计办理时间继续分别控制在30天和44天内；
- 低压非居民用户全过程办电时间压减至12天和10天内；
- 低压居民用户全过程办电时间压减至5天内。

- 全面推行“阳光业扩”，提高办电透明度和便捷度；
- 实现政企联合用电安全管理常态化。

❑ 来源：《国网浙江省电力有限公司关于印发打造全国电力营商环境先行示范三年行动方案的通知》。

三 "阳光业扩"重点举措

1. 进一步优化业扩项目投资策略
- √ 优化业扩配套电网投资界面

2. 进一步保障办电信息公开透明
- √ 对内公开电网可用资源信息
- √ 对外公开办电服务信息
- √ 确保交互过程信息透明可留痕

3. 进一步强化营配调专业协同
- √ 加强营配调前端业务融合
- √ 深化营配调大后台建设
- √ 着力提升营配调数据质量

4. 进一步深化政电联动和资源共享
- √ 强化政府政策支持
- √ 深化社会化服务资源共享
- √ 主动融入政府数字化转型工作

5. 扎实推进业扩配套电网项目（放管服）工作
- √ 优化业扩配套电网项目管理权限

6. 进一步强化业扩配套工程全过程管理
- √ 加强业扩配套工程物资保障
- √ 加强业扩配套工程施工管理
- √ 提升业扩接电及时性

7. 进一步推动受电工程市场规范有序
- √ 提升客户受电工程市场透明度
- √ 加强客户受电工程无差别管理

8. 大力推广应用（大云物移智链）新技术
- √ 打造（阳光业扩一站通）服务平台
- √ 升级（阳光业扩）全流程管控平台
- √ 推行办电服务（都不跑）

9. 全面强化考核评价力度
- √ 开展电力营商环境评价
- √ 完善监察审计机制

10. 着力打造高素质人才队伍
- √ 加强人才队伍培养选拔

❑ 来源：《国网浙江省电力有限公司关于印发优化电力营商环境实施"阳光业扩"服务工作十项举措的通知》（浙电办〔2020〕294号）。

四 “阳光业扩”评价体系

“阳光业扩”评价指标

一级指标	二级指标	指标类型	指标描述	统计范围	指标达标值
透明指数	高压业扩供电企业办电平均时长	营销类	该指标是指某单位在统计周期内所有送电归档的高压新装、增容业扩流程涉及供电企业办电环节的时长平均值［《国家发展改革委 国家能源局关于全面提升“获得电力”服务持续优化用电营商环境的意见》（发改能源规〔2020〕1479号）］（剔除法定节假日，剔除临时用电项目，剔除白名单、自备电厂、光伏等特殊情况）	10（20）千伏高压新装、增容	高压单电源用户：≤22个工作日；高压双电源用户：≤32个工作日
	低压非居民用户平均接电时长		该指标是指某单位在统计周期内送电归档的低压非居民用户业扩流程从业务受理到完成送电的所有天数的平均值，反映各单位低压非居民用户业扩工作全过程服务情况。剔除光伏关联流程	低压非居民用户	≤15天
	低压居民用户平均接电时长		该指标是指某单位在统计周期内送电归档的低压居民用户业扩流程从业务受理到完成送电的所有天数的平均值，反映各单位低压居民用户业扩工作全过程服务情况	低压居民用户	≤5个工作日

续表

一级指标	二级指标	指标类型	指标描述	统计范围	指标达标值
透明指数	线下办电信息公开	营销类	该指标反映了客户办电的资料、费用、流程、时限等信息在营业厅等服务网点的准确性	全省所有营业厅、行政服务点、公共服务网点	100%
	业扩流程终止后重启		反映某单位的高压业扩流程终止后重新发起的数量	10（20）千伏及以上高压新装、增容、临时用电，低压非居民用户新装、增容	0个
	用户意向接电时间变更率		该指标是指某个单位在统计周期内送电归档的高压业扩流程的用户意向接电时间变更次数，反映各单位掌握用户用电需求的准确性	10（20）千伏及以上高压新装、增容、临时用电	≤5%
	用户通电计划提报及时率		该指标是指某个单位在统计周期送电归档的高压业扩项目中按期报送用户通电计划的高压业扩流程比例，反映各单位高压业扩工作计划性	10（20）千伏及以上高压新装、增容、临时用电	≥95%

续表

一级指标	二级指标	指标类型	指标描述	统计范围	指标达标值
透明指数	高压业扩配套工程平均时长	生产类	该指标是指某单位在统计周期内送电归档的正式业扩项目从供电方案答复到配套工程建设完成的时长平均值，反映各单位高压业扩配套工程建设对用户接电的影响程度（剔除临时用电项目，剔除法定节假日）	10（20）千伏高压新装、增容	≤30天
	配套工程物资供应平均时长		该指标统计10（20）千伏高压新装、增容流程的配套工程从物资需求提报至物资到货的平均时长（剔除法定节假日）	10（20）千伏高压新装、增容	≤10天
	电网资源数据准确性		核查电网资源业务中台维护套件内变电站、环网柜、电杆、配电变压器等设备的地理位置、可开放容量和间隔使用状态的数据准确性	10（20）千伏及以上高压新装、临时用电	100%
	业扩工单图模异动发布及时性		该指标主要反映在业扩工程送电前是否在图模同源维护套件中完成对应电网图形的维护及发布	10（20）千伏及以上高压新装、增容、临时用电	100%

续表

一级指标	二级指标	指标类型	指标描述	统计范围	指标达标值
便利指数	客户工程建设平均时长	用户工程类	该指标是指某单位在统计周期内送电归档的高压正式业扩项目从供电方案答复到客户工程竣工的时长平均值（剔除法定节假日，剔除临时用电项目，剔除白名单、自备电厂、光伏等特殊情况）	10（20）千伏高压新装、增容	≤60天
	高压业扩合同签订及时率	营销类	该指标是指某单位在统计周期内送电归档的10（20）千伏高压业扩项目在竣工验收当天及以前完成合同签订的比例	10（20）千伏高压新装、增容、临时用电	≥95%
	高压业扩供电方案立答率		该指标统计了1250千伏安及以下的单电源10（20）千伏高压新装、增容流程中实现供电方案立答的比例	1250千伏安及以下的单电源10（20）千伏高压新装、增容流程、临时用电	≥30%
	高压客户接电及时率		该指标反映了某单位在统计周期内送电时间早于客户意向接电时间的流程占比	10（20）千伏高压新装、增容、临时用电	≥95%

续表

一级指标	二级指标	指标类型	指标描述	统计范围	指标达标值
便利指数	高压业扩不停电作业率	生产类	该指标统计高压业扩带电作业流程数在高压业扩总流程数中的比例	10（20）千伏高压新装、增容、临时用电	≥80%
	业扩一体化App应用率		该指标反映了在工作人员在现场勘查、设计时对业扩一体化App的应用情况（应用的标准为App的工单数据回传至供服系统）	10（20）千伏高压新装、增容、临时用电	≥50%
降本指数	低压容量开放执行完成率		该指标反映了某单位160千瓦及以下的低压容量开放执行完成率（剔除已申请白名单的）	10（20）千伏及以上高压新装（160千瓦及以下）	100%
	“三不指定”执行情况	营销类	受电工程设计、供货、施工单位选择过程中是否存在“三指定”	10（20）千伏高压新装、增容、临时用电	0个
	小微企业“零投资”执行完成率		该指标反映全省范围160千瓦及以下的低压非居民（除临时用电）用电报装“零投资”执行完成率	160千瓦及以下的低压非居用户（除临时用电）	100%
	临时用电设备租赁	用户工程类	该指标统计高压临时用电客户工程中采用设备租赁形式的流程数	高压临时用电	/

续表

一级指标	二级指标	指标类型	指标描述	统计范围	指标达标值
互动指数	线上渠道受理率	营销类	该指标统计通过网上国网等线上渠道受理的业扩流程在办电总流程数中的占比	10（20）千伏及以上高压新装、增容；低压居民、非居民新装、增容	≥90%
	线上办电流程启动及时率		该指标统计通过网上国网受理的业扩流程是否及时进行处理	10（20）千伏及以上高压新装、增容；低压居民、非居民新装、增容	100%
	客户经理好评率		该指标统计办电e助手中客户对客户经理在服务态度、服务能力、服务效率、服务质量等方面的评价情况	全业务	100%
	高压业扩需求储备转化率		该指标是指某单位在统计期间送电归档的高压业扩项目中提前开展过客户需求储备流程的占比，反映各单位提前掌握用电需求的能力	10（20）千伏高压新装、增容	≥50%
	客户需求储备推送处理及时率		该指标反映了政府投资项目在线审批监管平台推送的储备项目是否及时与用户核实用电需求	储备入库流程	100%

续表

一级指标	二级指标	指标类型	指标描述	统计范围	指标达标值
互动指数	高压业务服务满意率	营销类	该指标反映了客户对高压业务流程整体服务的满意率	高压新装、增容、临时用电以及分布式光伏	100%
	低压业务服务满意率		该指标反映了客户对低压业务流程整体服务的满意率	低压居民、非居民业扩及变更业务	100%
	网上国网侧办电e助手客户经理注册率		反映某单位注册过网上国网侧办电e助手的客户经理占比	10（20）千伏及以上高压新装、增容、临时用电	≥99%

Part 2

作业规范篇 >>

作业规范篇以"阳光业扩"政策下10千伏高压业扩报装的整体流程管控和核心工作为主要内容，旨在提高供电服务一线人员的业务技能，为客户提供全面、优质的专业服务。

“阳光业扩”知识图谱

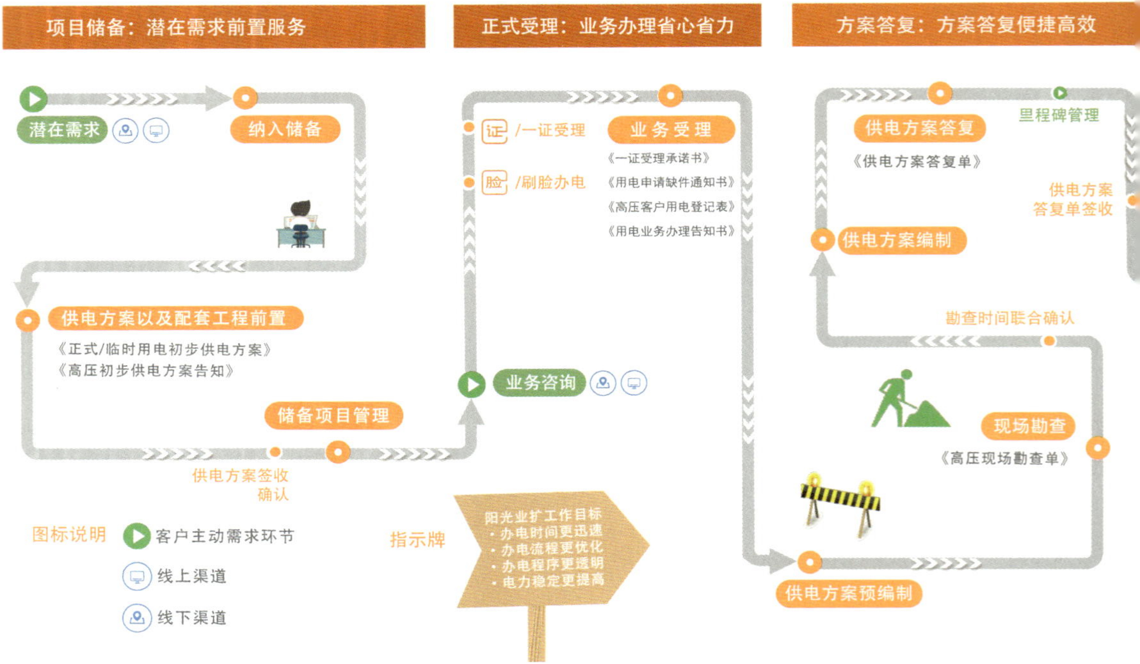
项目储备：潜在需求前置服务
正式受理：业务办理省心省力
方案答复：方案答复便捷高效
潜在需求
纳入储备
供电方案以及配套工程前置
《正式/临时用电初步供电方案》
《高压初步供电方案告知》
储备项目管理
供电方案签收确认
业务咨询
证 /一证受理
脸 /刷脸办电
业务受理
《一证受理承诺书》
《用电申请缺件通知书》
《高压客户用电登记表》
《用电业务办理告知书》
供电方案预编制
现场勘查
《高压现场勘查单》
勘查时间联合确认
供电方案编制
供电方案答复
《供电方案答复单》
里程碑管理
供电方案答复单签收
图标说明
客户主动需求环节
线上渠道
线下渠道
指示牌
阳光业扩工作目标
· 办电时间更迅速
· 办电流程更优化
· 办电程序更透明
· 电力稳定更提高

工程实施：工程实施安全透明

验收送电：验收送电一步到位

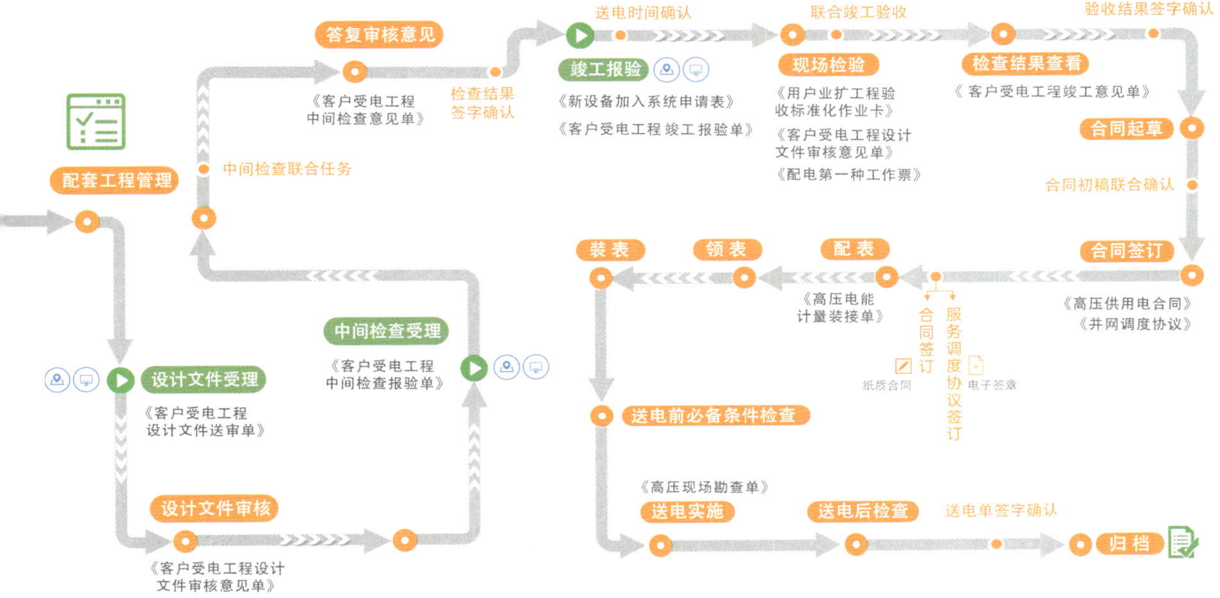

一 项目储备

“阳光业扩”项目储备是对线上和线下接收的符合条件的项目工单纳入业扩储备流程的管理。对于纳入业扩储备库的项目，可提前开展初步供电方案编审工作和配套工程准备等相关工作，实现服务前置，从而有效提高正式受理后的业扩客户办理效率。

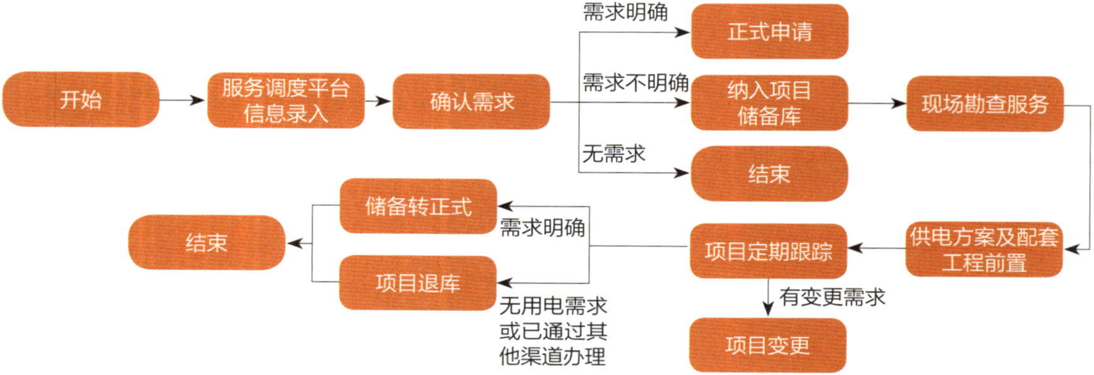

（一）信息录入

1. 线上流程

工作内容

√ 浙江政务网投资项目在线审批监管平台数据直接推送到服务调度平台后，在服务调度平台进行第一步线上审核操作。

注意事项

√ 与用户联系后的相关信息记录请于对应的正式/临时用电流程栏中的“备注”中填写，相关信息会自动于“现场服务”环节呈现，供客户经理参考。

路径：【服务调度平台】>>【线上受理】

❶选择业务类型“储备项目入库”，点击查询。

❷选择一个工单进入操作页面。

❸完善相关信息，并选择储备项目相应的处理供电单位和用电地址后确认联系结果。

❹选择审核结果“通过”将项目纳入储备库，或选择“不通过归档”结束流程。

2. 线下手工录入

工作内容

√ 客户经理收集包括政府会议等途径的项目信息。

√ 通过营销系统储备模块“项目信息录入”功能模块输入项目的基本信息，手动发起项目储备流程。

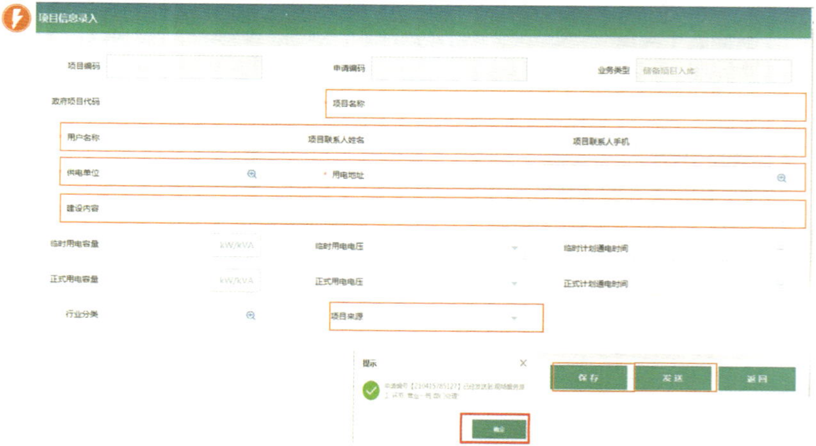

路径:【营销系统】>>【新装增容及变更用电】>>【业扩流程新提升】>>【项目信息录入】

❶在当前界面，输入项目的名称、用户名称、联系人姓名和手机以及供电单位、用电地址，建设内容、项目来源等信息，保存发送将流程发送到下一环节。

（二）现场服务

工作内容

√ 系统派工后客户经理根据储备项目录入的信息，及时与用户对接，了解用户是否有用电需求。

√ 若有用电需求，纳入储备或发起正式用电流程，并安排现场勘查（可参考第三部分现场勘查内容）。

√ 开展现场前置服务，并将用户需求记录在储备项目中，根据不同的用户需求在储备项目平台中准确记录归类，如果现场需求是正式新装业务则选择【正式用电需求】；如果现场需求是临时用电新装则选择【临时用电需求】，并确定需求情况。

- **无需求：**若现场明确无用电需求时，在系统的用电需求中选择【无需求】，流程自动结束。
- **正式申请：**若现场有明确的用电需求时，在系统的用电需求中选择【正式申请】，触发新装流程。
- **纳入储备：**若用户用电需求不满足供电方案编制要求，选择【纳入储备】，并对电源需求进行相应的新增操作，纳入储备的流程会在该环节发送后推送到运检平台，并触发供电方案编制和配套方案编制流程，可以在供电服务指挥系统的接入方案管理处进行查看。

相关话术

您好，我这边是国网绍兴供电公司某某供电所客户经理A，请问您这边是某某公司的B先生吗？

是的，您好，A经理。

请问您这边项目现场是否有用电需求？

我这边之后需要基建，申请施工临时用电。

您这边施工临时用电需多大容量，何时需要用电？

这边尚未具体规划，还在前期设计中。

好的，那我先帮您纳入储备项目，等您有确定需求时，发起正式流程。

操作流程

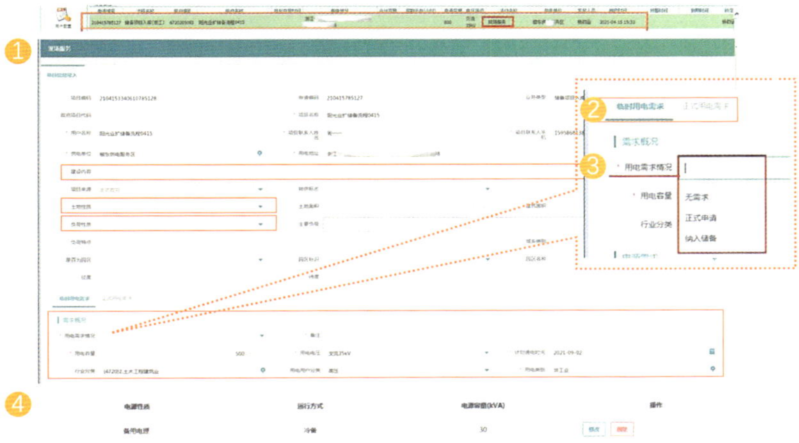

路径:【营销系统】>>【工作任务】>>【待办工作单】>>【储备项目入库(浙江)】>>【现场服务】

❶填写相关基础信息，包括建设内容、土地性质、负荷性质、需求概况等。

❷填写“临时用电需求”和“正式用电需求”情况。

❸根据现场服务情况选择“正式申请”“纳入储备”或“无需求”。

❹若选择“纳入储备”需要新增“电源需求”，完成后点击发送进入【供电方案和配套工程前置流程】。

（三）供电方案和配套工程前置

1. 供电方案前置

工作内容

√ 根据用户用电需求，客户经理在营销系统的供电方案和配套工程前置中，完成电源方案、计费方案、计量方案、受点设备方案的信息录入。

√ 配套方案编制及后续配套工程建设于供电服务指挥系统中进行。

若选择【无工程】，流程在审核/审批完成，不会触发“配套工程跟踪”环节。

若选择【有配套工程】，流程在审核/审批完成，会自动触发“配套工程跟踪”环节。

注意事项

√ 在是否有工程处选择【无工程】，流程在审核/审批完成，不会触发可研编制、配套工程跟踪环节。

√ 若选择【有配套工程】，流程在审核/审批完成，会触发可研编制、配套工程跟踪环节。

操作流程

1

路径:【营销系统】>>【工作任务】>>【待办工作单】>>【供电方案和配套工程前置】>>【供电方案编制】

❶在当前界面填写是否有工程、核定容量、优惠电价标志等供电方案信息。

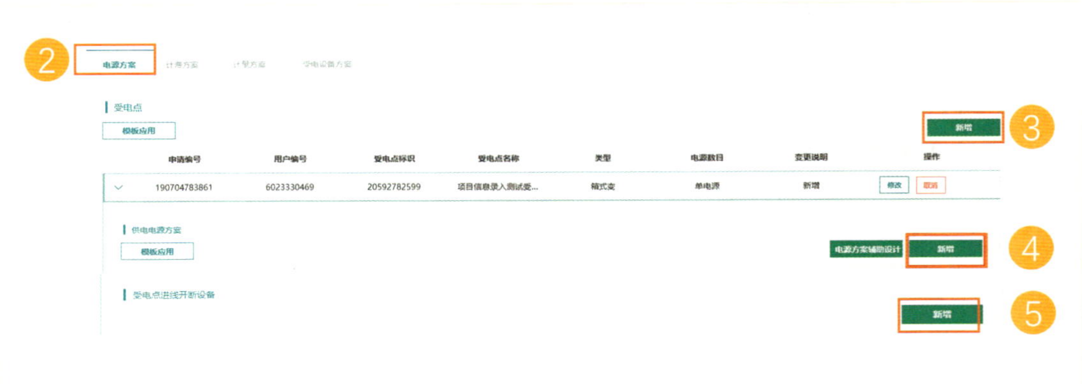

路径:【营销系统】>>【工作任务】>>【待办工作单】>>【供电方案和配套工程前置】>>【供电方案编制】

❷点击【电源方案】。

❸受电点列表中点击【新增】按钮，在弹出框中，填写类型、受电点名称、电源切换方式等相关信息。

❹受电点供电电源方案点击【新增】按钮，填写电源类型、进线方式、产权分界点、保护方式等信息。

❺受电点进线开断设备点击【新增】按钮，填写进线开断设备类型、额定电流、额定电压等信息，保存完成电源方案设计。

路径:【营销系统】>>【工作任务】>>【待办工作单】>>【供电方案和配套工程前置】>>【供电方案编制】

❻点击【计费方案】。

❼用户定价策略方案点击【新增】按钮，在弹出框中，填写定价策略类型、基本电费计算方式、功率因数考核方式等相关信息。

❽用户电价方案点击【新增】按钮，填写执行电价、电价行业类别、是否执行峰谷标志、功率因数标准、是否参与直接交易等信息。

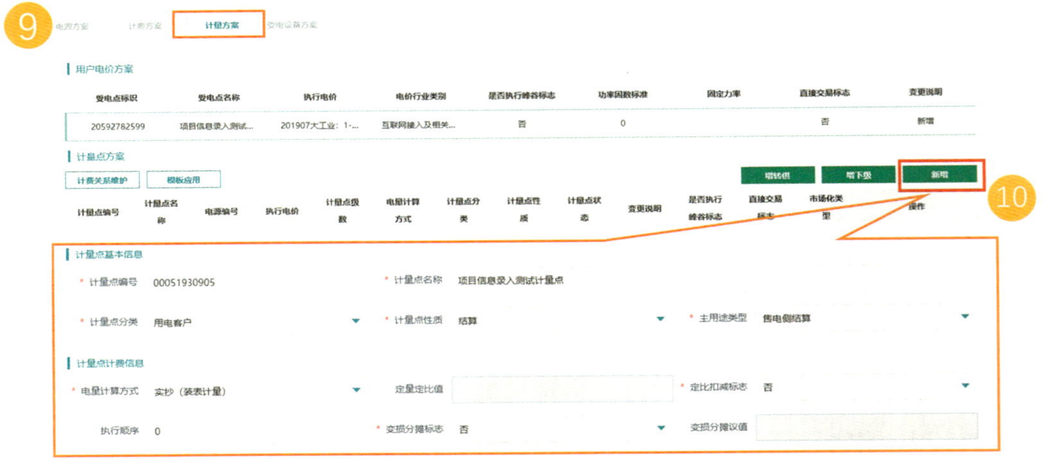

路径:【营销系统】>>【工作任务】>>【待办工单】>>【供电方案和配套工程前置】>>【供电方案编制】

❾点击【计量方案】。

❿计量点方案点击【新增】按钮，在弹出框中，填写计量点基本信息和计量点计费信息。

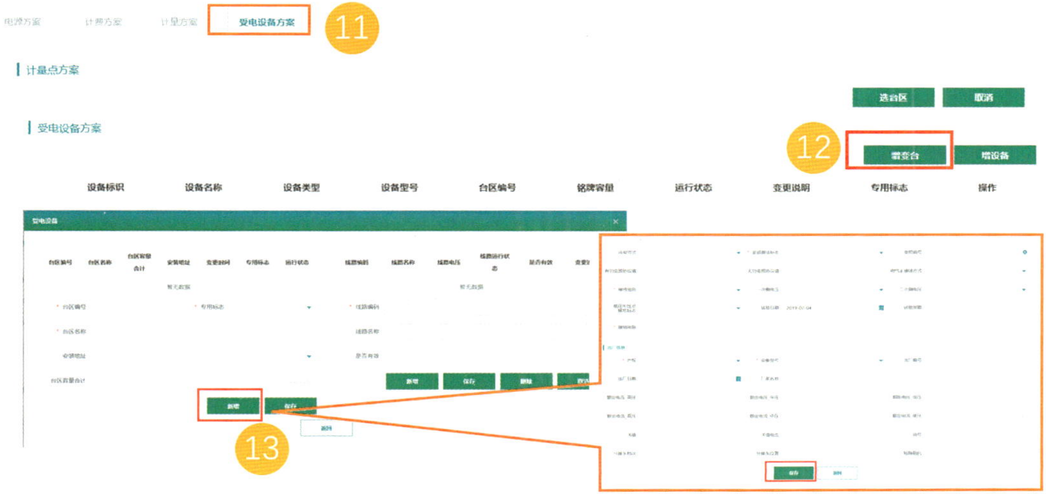

路径:【营销系统】>>【工作任务】>>【待办工作单】>>【供电方案和配套工程前置】>>【供电方案编制】

⑪点击【受电设备方案】。

⑫受电设备方案点击【新增】按钮。

⑬在弹出框中，填写受电设备相关信息，之后保存发送完成供电方案前置编制。

2. 初步供电方案签收

工作内容

√ 方案审批通过后，系统将供电方案自动推送至网上国网App，用户通过网上国网App可以进行线上签收初步供电方案答复单。

√ 若选择签订契约，则契约签订信息与供电方案同步推送至网上国网App。

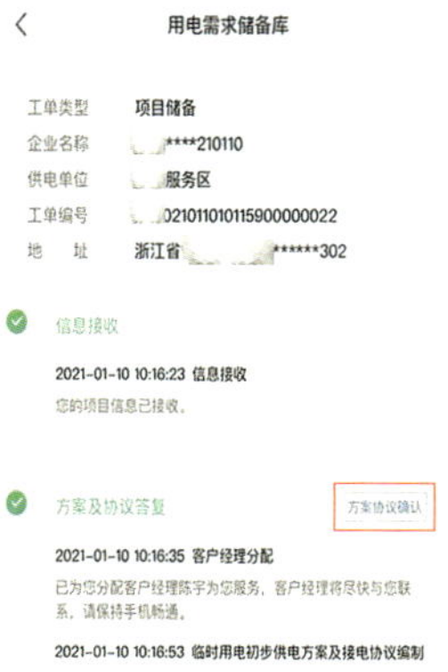

❶在网上国网 App中搜索“用电需求储备库”，进入对应储备工单界面，点击【方案协议确认】按钮。

3. 配套工程方案前置

工作内容

√ 根据用户用电需求，客户经理在营销系统的供电方案和配套工程前置中，完成配套方案的编制。

√ 根据用户用电需求，客户经理在营销系统配电工程方案编制中完成信息录入。

路径：【营销系统】>>【工作任务】>>【待办工作单】>>【供电方案和配套工程前置】>>【配套方案编制】

❶在电源情况中点击【新增】。

❷弹出电源情况编辑后填写电源点相关信息，并保存。

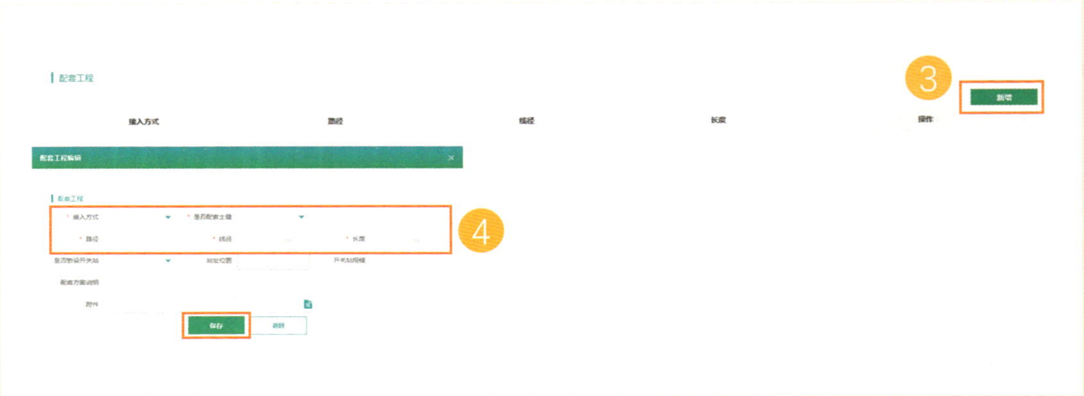

❸在配套工程中点击【新增】。
❹填写接入方式、土建、路径、线径、长度等新增配套工程情况。

注意事项

√ 若没有土建，选“否”，在可研批复之后，流程自动结束。

√ 若有土建，选“是”，会跳过土建竣工报验，土建竣工验收环节，直接转到配套工程施工环节。

4. 方案审批/审核

工作内容

√“供电方案编制”环节完成后，进入审核/审批环节，相关协同审核/审批人员可于企业门户中完成协同审批。

路径:【营销系统】>>【工作任务】>>【待办工作单】>>【供电方案前置】>>【营销审批】

审批通过后，点击【保存】【发送】，即可完成审批流程，并进入“方案告知协议签订”环节，同时用户网上国网App“服务记录”界面中即可收到《正式/临时用电初步供电方案》，并可进行线上签收，流程同步流转至“方案协议告知签订”环节。

5. 方案告知协议签订

工作内容

√ 当方案审批通过后，客户经理需在方案告知协议签订环节填写方案告知相关信息进行下发。

路径:【营销系统】>>【工作任务】>>【待办工作单】>>【供电方案前置】>>【方案告知协议签订】

写方案告知相关信息，上传告知书，确认用电资料附件，选择签订契约“是”，并上传契约，点击【保存】与【发送】。若该项目没有配套工程，流程正常结束归档。后续储备工单可于“储备项目查询”功能模块中查看。

注意事项

【用电资料】

√ 若用户已经通过网上国网App进行线上签署并回推初步供电方案告知书（以及授权委托书），用户侧操作同“初步供电方案签收”。回传文件均会自动呈现于该模块中，业务人员需进行审核确认。

√ 若用户未进行线上反馈，实行线下答复，需上传已签署的《高压初步供电方案告知单》（即“添加附件”）；若用户进行线上反馈，则无须上传。

【契约签订信息】

√ 各单位根据实际情况选择契约签订信息，若选择“是”，则必须上传契约附件；若选“否”，则不用上传契约附件。

（四）储备项目管理

1. 储备项目查询

工作内容

√ 客户经理可利用储备项目查询功能，查看相应的储备项目信息，包括储备项目基础信息、初步供电方案、相关流程记录、服务跟踪记录（周期核查记录）等。

√ 对储备项目进行周期核查，记录储备项目信息，确定是否发起正式流程。

a. 查询操作流程。

路径：【营销系统】>>【新装增容及变更用电】>>【业扩流程新提升】>>【功能】>>【储备项目查询】

❶点击查询到的该条数据的项目编号超链接，查看储备项目详细信息的界面，可以查看相应的储备项目信息，如储备项目基础信息、初步供电方案、相关流程记录、服务跟踪记录（周期核查记录）等。

b. 核查操作流程。

路径:【营销系统】>>【新装增容及变更用电】>>【业扩流程新提升】>>【功能】>>【储备项目查询】

❶选择信息进行核查。

❷进入核查界面，填写好信息，然后点击【保存】。

2. 项目定期跟踪

工作内容

√ 客户经理将用户现场的实际情况进行记录，形成五个库（规划修编库、配套工程库、可调负荷库、智慧能源库和线路迁改库），为后续配套工程前置服务打下基础，进行定期跟踪服务。同一项目满足多个库分类标准的，可同时纳入不同需求库中。

- ❑ 规划修编库：针对配套需求，周边电网条件如受限，可纳入规划修编库。
- ❑ 配套工程库：如有配套工程，可纳入配套工程库。
- ❑ 可调负荷库：用电需求如为可中断负荷，可纳入可调负荷库。
- ❑ 智慧能源库：如有潜在智慧能源需求，可纳入智慧能源库。
- ❑ 线路迁改库：如需迁改，可纳入线路迁改库。

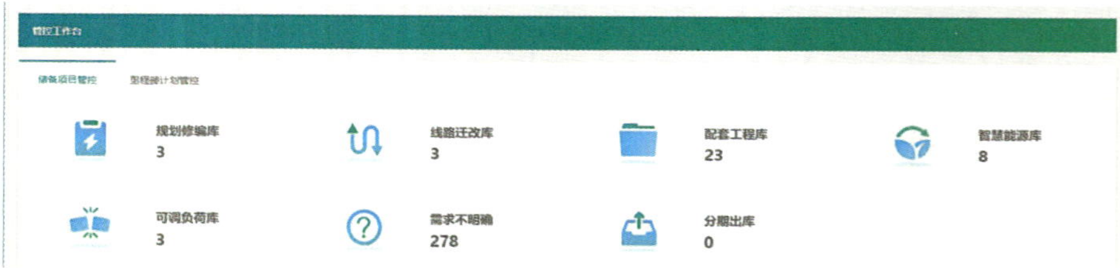

路径:【营销系统】>>【新装增容及变更用电】>>【业扩流程新提升】>>【功能】>>【管控工作台】>>【储备项目管控】

❶在储备项目列表中通过查询条件设置可查询到需要进行“跟踪服务”的储备项目流程，点击【跟踪服务】，根据实际项目情况可对储备项目进行相应字段选择。

❷填写用电需求、配套需求及其他需求。

注意事项

√ 客户经理可以通过“跟踪服务”进行储备转正式和项目退库管理。

3. 项目变更

工作内容

√ 本业务是指因客户需求变更、供电企业供电能力发生变化、政策调整等其他原因，对原储备项目初步供电方案进行调整。只有储备项目流程归档，完成方案告知协议签订环节后才可进行变更操作。

注意事项

√ 储备项目变更中，如果对原来的用电需求有所变更，调整成正式用电，触发相应的新装流程；若无需求变更，调整成纳入储备，会触发供电方案和配套工程前置流程。

路径：【营销系统】>>【新装增容及变更用电】>>【业扩流程提升】>>【储备项目查询】>>【项目变更】

❶填写好变更内容、备注等字段，点击【保存】【发送】按钮，流程正常结束。

4. 储备转正式

（1）客户经理查询项目后手动转正式。

工作内容

√ 当储备项目有明确用电需求时，可通过客户经理查询项目后手动转正式、客户线上一键转正式或客户直接报装后关联储备，发起正式用电申请流程。

√ 正式流程将自动与储备工单进行关联，实现项目储备时已填写的信息于正式流程中自动对应填充，不必重复填写。

√ 客户经理也可以通过管控工作台进行储备项目的跟踪服务，实现储备转正式。

项目编号	项目名称	客户经理	正式用电容量	用电地址	信息录入时间	项目状态	是否已核查	用电申请
190530334010122...	dsdsds	周洁		浙江省		入库	否	
190530334010122...	fffff	周洁		浙江省		已完成	否	临时
190530334010122...	dasdad	周洁		浙江省		入库	否	临时
190530334010122...	sss	周洁		浙江省		已完成	否	临时 正式

路径:【营销系统】>>【新装增容及变更用电】>>【业扩流程提升】>>【储备项目查询】

找到符合条件的储备流程，点击用电申请列中的【临时】或【正式】按钮，即可发起与储备项目内容一致的“临时用电申请”或“正式用电申请”流程。

（2）客户线上一键转正式。

工作内容

√ 客户通过网上国网App“用电需求储备库”的储备项目工单中“转新装”“转增容”等一键转正式操作，可直接发起正式流程申请，完成申请后，直接触发营销系统中业务受理流程。

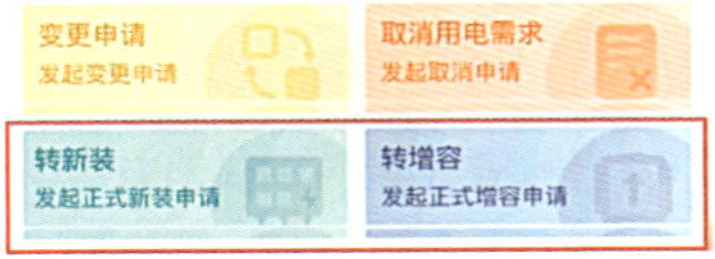

（3）客户直接报装后关联储备。

工作内容

√ 对于直接申请正式报装的用户，客户经理可于“现场勘查”环节，关联对应的储备项目。

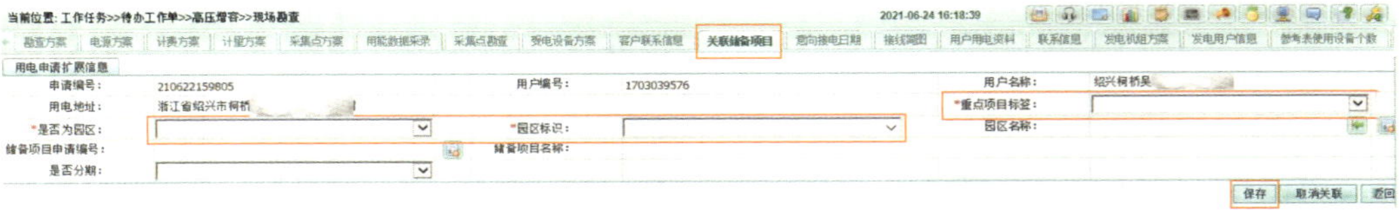

路径：【营销系统】>>【工作任务】>>【待办工作单】>>【高压增容】>>【现场勘查】

①客户经理在现场勘查环节，选择【关联储备项目】，填写是否园区、园区标识、重点项目标签等信息进行维护后，点击【保存】。

5. 退库

工作内容

√ 客户经理根据客户反馈情况和项目持续跟踪获取的信息对该项目进行判断，如项目变更为无用电需求、已通过其他途径受理或其他情况需要退库时，可进行退库操作。

路径:【营销系统】>>【新装增容及变更用电】>>【业扩流程提升】>>【储备项目查询】

❶客户经理对该项目进行判断，如项目变更为无用电需求、已通过其他途径受理或其他情况需要退库，可以选中工单，点击【储备退库】按钮;

❷弹出“储备项目退库申请”的界面填写退库原因，点击【保存】【发送】按钮，确定后会正常发送到退库审批环节。

二 正式受理

正式受理是指通过线上线下多种渠道正式受理客户用电新装、增容等业扩报装业务，主动提供“首问责任制”“一证受理”“一次性告知”等服务，向客户宣传解释业扩报装、优化营商环境等相关政策规定。

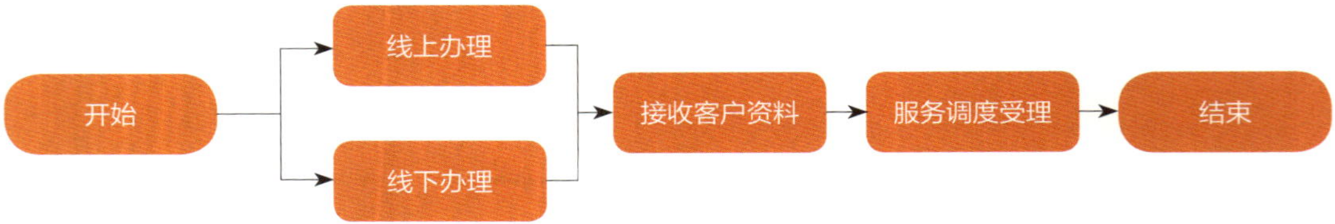

（一）业务线上办理

工作内容

√ 客户通过网上国网App、“浙里办”、网上营业厅等服务渠道，提供相关证件，可自助办理新装、增容等业务。

注意事项

√ 线上办理时企业需上传企业主体证明、产权证明、法人及经办人身份证明。

√ 对于通过线上渠道受理的客户用电申请，服务调度人员应在1个工作日内将受理工单信息进行审核和下发，由客户经理在现场勘查时一并收集完善有关申请资料。

《用电业务办理告知书》

用电业务办理告知书

（适用业务：高压新装、高压增容、高压装表临时用电）

尊敬的电力客户：

欢迎您到国网浙江省电力有限公司办理用电业务，公司全面推行高压"三省"（省力、省时、省钱）服务。为了方便您办理业务，请您仔细阅读以下内容。

一、业务办理流程

10（20）千伏高压普通用户

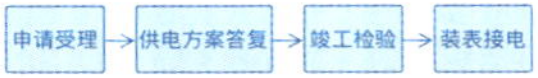

高压非普通客户（35千伏及以上客户，重要和特殊客户，多电源客户，专线客户，有自备电源的客户和有波动负荷、冲击负荷、不对称负荷等对电能质量有影响需开展电能质量评估的客户。）

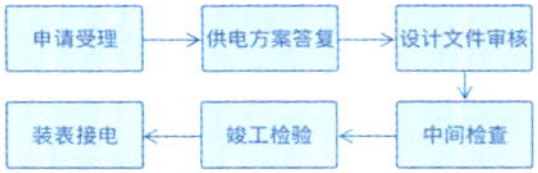

二、业务办理说明及注意事项

1．申请受理

请您按照《客户申请所需资料清单》要求提供申请资料。

业务受理后，我公司工作人员将与您预约现场服务时间，请您做好相关准备工作。

2．供电方案答复

在受理您用电申请后，我公司将按约定时间至现场查看供电条件，在受理后10个工作日内（双电源客户20个工作日）答复供电方案。

供电方案有效期自客户签收之日起一年内有效。如您有特殊情况，需延长供电方案有效期，请您务必在有效期到期前十天向我公司提出申请，我公司将视情况为您办理供电方案延期手续。

3．竣工检验装表接电

根据国家有关规定，产权分界点是双方运行维护管理以及安全责任范围的分界点。产权分界点以下部分（用户侧）由您负责施工，产权分界点以上部分（电源侧）由我公司负责施工，产权分界点我公司将与您在《供用电合同》中约定。

（1）请您在收到供电方案后，自主选择有相应资质的设计单位，根据供电方案答复单开展内部受电工程设计。对于重要或特殊负荷客户在设计完成后，请及时提交受电工程设计文件和有关资料，我们将在3个工作日内完成审核。

（2）请您自主选择有相应资质的施工单位开展受电工程施工。对于重要或特殊负荷客户，在电缆管沟、接地网等隐蔽工程覆盖前，请及时通知我们进行中间检查，我们将在2个工作日内完成中间检查。

（3）您的受电工程竣工并自验收合格后，请您携带竣工资料到营业窗口办理竣工报验申请，我公司将在3个工作日内组织进行竣工检验。对竣工检验中发现的问题，请您按《客户受电工程竣工检验意见单》及时整改，整改完成后重新在线上提交竣工检验申请或到我公司办理复验手续，直至检验合格。

（4）在受电工程检验合格，结清营业费用，并完成《供用电合同》及相关协议签订后，我公司将在3个工作日内为您装表接电。

4.其他事项

1.根据《浙江省物价局关于减低高可靠性供电费和临时接电费用收费标准的通知》（浙价资〔2017〕46号文）文件要求，对申请新装及增加用电容量的两路及以上多回路供电（含备用电源、保安电源）用电户，除供电容量最大的供电回路外，对其余供电回路按文件规定收取高可靠性供电费用。对于符合《浙江省高新技术产业投资引导目录（2016-2020）》规定的高新技术投资项目，由您在报装时提供经省科技厅确认的相关材料，经核实无误后，高可靠性供电费按照标准的70%缴纳；对于报装时暂未获得省科技厅确认的，高可靠性供电费用按照标准的全额缴纳，后续若省科技厅发文确认为高新技术投资项目的，可向供电企业提出申请，经核实无误后按文件要求退还30%。

2.您可以登录国家能源局浙江监管办公室网站（http://zjb.nea.gov.cn），在浙江省电力用户受电工程市场信息公开与监督管理系统中查询设计、施工和设备材料供应单位的相关信息,选择具备相应资质的设计、施工、试验单位。

请您对我们的服务进行监督，如有建议或意见，请及时拨打95598服务热线或登录手机APP，我们将竭诚为您服务！

您可以关注公众微信"国网浙江电力"（sgcc-zj）、网上国网APP、公众微信"12398能源监管热线"、"12398能源监管热线"APP。

浙江电力公众微信　网上国网APP　12398公众微信　12398APP（安卓）

此告知书一式二份，一份由您惠存，一份经您签名（盖章）后由我公司留存。

本告知书内容已阅读并知晓。

客户签名：　　　　　　　　年　　月　　日

附件：客户申请所需资料清单

业务环节	资料名称	资料说明	备注
		以自然人名义办理以下材料提供其一：①居民身份证原件或临时身份证原件；②户口本原件；③军官证或士兵证原件；④台胞证原件；⑤港澳通行证原件；⑥外国护照原件；⑦外国永久居留证（绿卡）原件；⑧其它有效身份证明文书原件等。	以自然人名义办理时必备。

（二）业务线下办理

工作内容

√ 客户到供电营业厅办理用电申请业务，可通过柜台、自助终端机进行业务办理。柜台受理人员应了解业务需求，核对申请资料的有效性及完整性，主动向客户提供用电咨询服务，向客户提供《用电业务办理告知书》，一次性告知客户业务办理流程、申请所需资料清单、收费项目与标准以及相关注意事项等信息。

业务咨询

指导客户填写申请资料

自助终端机受理

《用电业务办理告知书》

国家电网 STATE GRID 你用电·我用心 Your Power Our Care　95598　12398

用电业务办理告知书

（适用业务：高压新装、高压增容、高压装表临时用电）

尊敬的电力客户：

欢迎您到国网浙江省电力有限公司办理用电业务，公司全面推行高压"三省"（省力、省时、省钱）服务。为了方便您办理业务，请您仔细阅读以下内容。

一、业务办理流程

10（20）千伏高压普通用户

申请受理 → 供电方案答复 → 竣工检验 → 装表接电

高压非普通客户（35千伏及以上客户，重要和特殊客户，多电源客户，专线客户，有自备电源的客户和有波动负荷、冲击负荷、不对称负荷等对电能质量有影响需开展电能质量评估的客户。）

申请受理 → 供电方案答复 → 设计文件审核 → 中间检查 → 竣工检验 → 装表接电

二、业务办理说明及注意事项

1. 申请受理

请您按照《客户申请所需资料清单》要求提供申请资料。

业务受理后，我公司工作人员将与您预约现场服务时间，请您做好相关准备工作。

2. 供电方案答复

在受理您用电申请后，我公司将按约定时间至现场查看供电条件，在受理后10个工作日内（双电源客户20个工作日）答复供电方案。

供电方案有效期自客户签收之日起一年内有效。如您有特殊情况，需延长供电方案有效期，请您务必在有效期到期前十天向我公司提出申请，我公司将视情况为您办理供电方案延期手续。

3. 竣工检验装表接电

根据国家有关规定，产权分界点是双方运行维护管理以及安全责任范围的分界点。产权分界点以下部分（用户侧）由您负责施工，产权分界点以上部分（电源侧）由我公司负责施工，产权分界点我公司将与您在《供用电合同》中约定。

（1）请您在收到供电方案后，自主选择有相应资质的设计单位，根据供电方案答复单开展内部受电工程设计。对于重要或特殊负荷客户在设计完成后，请及时提交受电工程设计文件和有关资料，我们将在3个工作日内完成审核。

（2）请您自主选择有相应资质的施工单位开展受电工程施工。对于重要或特殊负荷客户，在电缆管沟、接地网等隐蔽工程覆盖前，请及时通知我们进行中间检查，我们将在2个工作日内完成中间检查。

（3）您的受电工程竣工并自验收合格后，请您携带竣工资料到营业窗口办理竣工报验申请，我公司将在3个工作日内组织进行竣工检验。对竣工检验中发现的问题，请您按《客户受电工程竣工检验意见单》及时整改，整改完成后重新在线上提交竣工检验申请或到我公司办理复验手续，直至检验合格。

（4）在受电工程检验合格，结清营业费用，并完成《供用电合同》及相关协议签订后，我公司将在3个工作日内为您装表接电。

4.其他事项

1.根据《浙江省物价局关于减低高可靠性供电费和临时接电费用收费标准的通知》（浙价资〔2017〕46号文）文件要求，对申请新装及增加用电容量的两路及以上多回路供电（含备用电源、保安电源）用电户，除供电容量最大的供电回路外，对其余供电回路按文件规定收取高可靠性供电费用。对于符合《浙江省高新技术产业投资引导目录（2016-2020）》规定的高新技术投资项目，由您在报装时提供经省科技厅确认的相关材料，经核实无误后，高可靠性供电费按照标准的70%缴纳；对于报装时暂未获得省科技厅确认的，高可靠性供电费用按照标准的全额缴纳，后续若省科技厅发文确认为高新技术投资项目的，可向供电企业提出申请，经核实无误后按文件要求退还30%。

浙电营 05-2021

2.您可以登录国家能源局浙江监管办公室网站（http://zjb.nea.gov.cn），在浙江省电力用户受电工程市场信息公开与监督管理系统中查询设计、施工和设备材料供应单位的相关信息.选择具备相应资质的设计、施工、试验单位。

请您对我们的服务进行监督，如有建议或意见，请及时拨打95598服务热线或登录手机APP，我们将竭诚为您服务！

您可以关注公众微信"国网浙江电力"（sgcc-zj）、网上国网APP。

网上国网二维码

此告知书一式二份，一份由您惠存，一份经您签名（盖章）后由我公司留存。

本告知书内容已阅读并知晓。

客户签名：张三　　　　2021年6月1日

a. 一证受理。

工作内容

√ 业扩报装申请阶段，实行营业厅“一证受理”，在收到客户用电主体资格证明（自然人提供有效身份证明，法人提供营业执照或组织机构代码证）并签署《承诺书》后，正式受理用电申请，其余资料根据《承诺书》约定时限逐步收集齐全；客户提交资料不全时，业务人员应通过“缺件通知书”形式告知客户具体缺件内容。客户在往次业务办理过程已提交且尚在有效期的资料，无须再次提供。

√ 用电地址权属证明文件及重要负荷清单等需在供电方案答复前提交。

√ 涉及国家优待电价的需在送电前提供政府有关部门核发的意见及一般纳税人资格证书等资料。

注意事项

√ 对于通过同城异地营业厅受理的客户用电申请，由受理地营业厅负责收集、审核用电申请资料信息。审验合格后，当日录入营销业务应用系统，完成资料电子化处理，并及时将业务流程发送至下一环节。受理地营业厅完成业务受理后，应在2个工作日内将客户申请资料转交属地营业厅。

《一证受理承诺书》

承诺书

（非居民用电）

国网浙江省电力公司 绍兴 供电公司：

本单位因 日常办公 需要办理用电申请手续，此次申请用电的地址为 浙江省绍兴市越城区稽山街道 申请新装□增加□用电的容量 60 kW 。因 缺少移交协议原因，目前暂时只能提供本单位的主体资格证明资料《营业执照》，其他相应的用电申请资料在以下时间点提供：

1、在供电方案答复前提交资料：

客户身份证明□；

房屋产权证明或其他证明文书□；

项目批复（核准、备案）文书□；

重要负荷清单□。

2、在送电前提交资料：

政府主管部门核发的能评、环评意见□；

涉及国家优待电价的提供政府有权部门核发的意见□；

一般纳税人资格证书□。

为保证本单位能够及时用电，现提请供电公司先行启动相关服务流程，我单位承诺：

1. 我方已清楚了解上述各项资料是完成用电报装的必备条件，不能在规定的时间提交将影响后续业务办理，甚至造成无法送电的结果。若因我方无法按照承诺时间提交相应资料，由此引起的流程暂停或终止、延迟送电等相应后果由我方自行承担。

2. 我方已清楚了解所提供各类资料的真实性、合法性、有效性、准确性是合法用电的必备条件。若因我方提供资料的真实性、合法性、有效性、准确性问题造成无法按时送电，或送电后引发电力安全事故，或被政府有关部门责令中止供电、关停、取缔等情况，所造成的法律责任和各种损失后果由我方全部承担。

缺移交协议，现场收资。

用电人（承诺方）：张三

2021年6月8日

b. 刷脸办电。

工作内容

刷脸办电是指居民客户在用电申请时，通过刷脸实现身份认证，完成身份认证后直接通过政企数据共享平台调用用户产权证明，实现居民客户刷脸办电。刷脸办电的方式主要有：

√ 通过公安系统的政务一体机刷脸获取相关身份信息，刷脸后打印身份证凭条，替代身份证信息进行办电。

√ 通过用户出示“浙里办”、支付宝、政府大数据平台等平台上的身份信息等证明材料替代身份证信息进行办电。

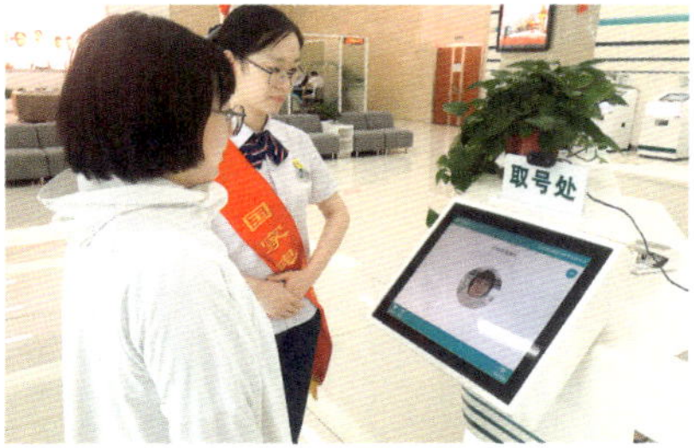

刷脸办电现场互动

刷脸办电操作界面

《用电申请缺件通知书》

①表单上的户名须与公章一致。

②所缺资料如实填写。

用电申请缺件通知书

用户申报办理的 绍兴市阳光有限公司 用电申请，所报材料尚缺如下：

（1）	房屋产权证明或土地权属证明
（2）	经办人身份证
（3）	
（4）	
（5）	
（6）	
（7）	
（8）	
（9）	
（10）	
（11）	
（12）	

供电企业经办人：韩梅	联系电话：139********
收件人：张三	联系电话：136********
补齐材料日期：2021年06月07日	缺件通知书提供日期：2021年06月07日

38

③供电企业经办人、联系电话：写受理员的名字和联系电话。收件人、联系电话：写客户经办人的名字和联系电话。

④缺件通知书提供日期与补齐材料日期如实填写。

相关话术

您好，只有身份证可以申请变压器新装吗?

您好，在您提供用电主体资格证明并签署《承诺书》后，我们的业务人员即可正式受理您的申请，用电主体证明可以是您申请单位的营业执照或组织机构代码。非法人本人办理时，需提供经办人身份证原件、法人身份证原件或复印件及授权委托书原件。

您好，申请新装变压器多久你们工作人员会去现场?

您好，在正式受理您的用电申请后，我公司将于当天安排客户经理与您预约现场勘查时间，并按照约定时间至现场查看供电条件，请您保持手机畅通，耐心等待我们的客户经理与您联系。

相关话术

您好，申请新装变压器有费用产生吗？

您好，供电公司办理业务时，依据浙江省物价局文件在供电方案中确定与您实际业务相关的政策性费用，如负控终端费、高可靠性供电费和临时接电费等，待您收到供电方案答复单后，请及时交纳相关业务费用。

您好，供电企业提供变压器安装服务吗？

您好，供电公司提供供电服务，但不提供具体的变压器安装、施工等服务。您享有变压器安装设计、施工、供货单位的自主选择权，可以根据需要自行选择，供电公司不会也不能指定相应的设计单位、施工单位和供货单位。

相关话术

您好，哪里可以查到有资质的设计施工单位呢？

您好，您可登录浙江省能监办网站，在浙江省电力用户受电工程市场信息公开与监督管理系统中查询设计、施工和设备材料供应单位的相关信息。

您好，业务费用可以转账汇款吗？

您好，供电方案答复单中所确定的业务费您可以现金或者支票到我们营业窗口交纳，也可以到银行或者通过网银转账等方式汇款到我公司指定的账户。

（三）接收客户资料

客户申请所需资料清单：

业务环节	资料名称	资料说明	备注
申请受理	用电人有效身份证明材料	以自然人名义办理，以下材料提供其一： ①居民身份证原件或临时身份证原件； ②户口本原件； ③军官证士兵证原件； ④台胞证原件； ⑤港澳通行证原件； ⑥外国护照原件； ⑦外国永久居留证卡原件； ⑧其他有效身份证明文书原件等。	自然人名义办理时必备
		以法人其他组织名义办理以下材料提供其一： ①营业执照原件； ②组织机构代码证原件等。 如无法提供原件、提供复印件时企事业单位应加盖公章	已提供加载统一社会信用代码的营业执照的，不再要求提供组织机构代码和税务登记证明
		经办人办理时，还需提供： ①授权托书原件或单位介绍信原件（自然人名义办理时不提供）； ②经办人有效身份证明原件（包括身份证、军人证、护照、户口簿或公安机关户籍证明等）	

续表

业务环节	资料名称	资料说明	备注
申请受理	用电地址权属证明材料	以下材料提供其一： ①房屋产权所有证原件（或购房合同原件）、土地使用证原件。 ②租赁协议原件、房主房屋产权证明复印件、土地使用证复印件（加盖公章）。 ③含有明确房屋产权判词且发生法律效力的法院法律文书，如决书、裁定书、调解书、执行书等。 ④若属农村用房等无房产证或土地证的，须由所在镇（街道、乡）及以上政府或房管、城建、国土管理部门根据所辖权限开具产权合法证明。 如无法提供原件、提供复印件时企事业单位应加盖公章	对于暂时无法提供用电地址权属证明的，客户签署《缺件办理承诺书》后实行一证受理
		①私人自建房：提供用电地址产权权属证明资料。 ②基建施工项目：土地开发证明、规划开发证明用地批准等。 ③市政建设：工程中标通知书、施工合同或政府有关证明。 ④农田水利：由所在镇（街道、乡）及以上政府或房管、城建、国土管理部门根据所辖权限开局产权合法证明	申请临时用电左边所列四项之一
	其他需提供信息	开户行名称、银行账号等信息	开具增值税发票提供
		重要用户等级申报表和重要负荷清单	列入重要电力用户提供
		涉及国家优待电价的，应提供政府有权部门核发的意见	享受国家优待电价提供

续表

业务环节	资料名称	资料说明	备注
竣工检验	竣工资料	①工程设计资质证书。 ②加盖出图章且装订成册的工程设计文件和说明	高压非普通客户且有工程，在设计文件审核环节提供，其他客户在竣工报验时提供
		③施工单位的承装（修、试）电力设施许可证。 ④施工单位出具的隐蔽工程施工记录，接地电阻测量记录	高压非普通客户，在中间检查环节提供，其他客户在竣工报验时提供
		⑤施工单位出具的竣工图纸、电气试验报告及保护整定调试记录	

注意事项

√ 如无特殊说明，“客户申请所需资料”均指资料原件。

√ 原用电范围内的增容业务，客户前期已提供、且在有效期以内的资料无须再次提供。

√ 与政府部门通过数据共享可获取的材料，免于提供。

《高压客户用电登记表》

①申请表中客户基本信息栏、客户经办人资料栏填写齐全，地址尽量详细，空格用“/”。

②根据客户需求及实际情况，选钩申请相关内容，并填写意向接电时间。

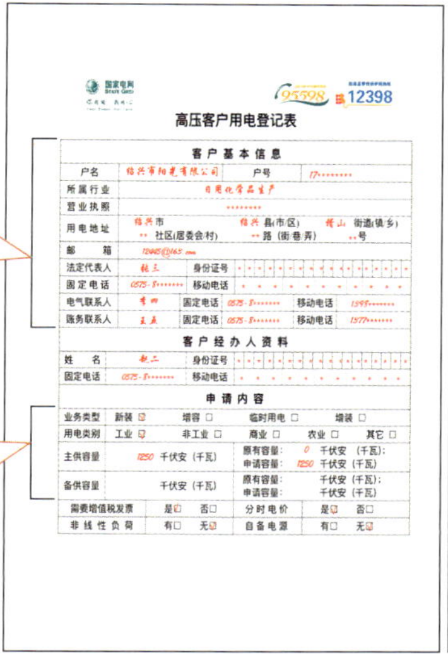

国家电网 State Grid 95598 12398

高压客户用电登记表

客户基本信息					
户名	绍兴市阳光有限公司		户号	17*******	
所属行业	日用化学品生产				
营业执照	********				
用电地址	绍兴市 绍兴县(市区) 稽山 街道(镇/乡) ** 社区(居委会/村) ** 路（街/巷/弄） **号				
邮箱	12445@165.com				
法定代表人	张三	身份证号	******************		
固定电话	0575-8*******	移动电话	***********		
电气联系人	李四	固定电话	0575-8*******	移动电话	1598*******
账务联系人	王五	固定电话	0575-8*******	移动电话	1577*******

客户经办人资料			
姓名	赵二	身份证号	******************
固定电话	0575-8*******	移动电话	***********

申请内容			
业务类型	新装 ☑ 增容 □ 临时用电 □ 增装 □		
用电类别	工业 ☑ 非工业 □ 商业 □ 农业 □ 其它 □		
主供容量	1250 千伏安（千瓦）	原有容量：0 千伏安（千瓦）；申请容量：1250 千伏安（千瓦）	
备供容量	千伏安（千瓦）	原有容量： 千伏安（千瓦）；申请容量： 千伏安（千瓦）	
需要增值税发票	是☑ 否□	分时电价	是☑ 否□
非线性负荷	有□ 无☑	自备电源	有□ 无☑

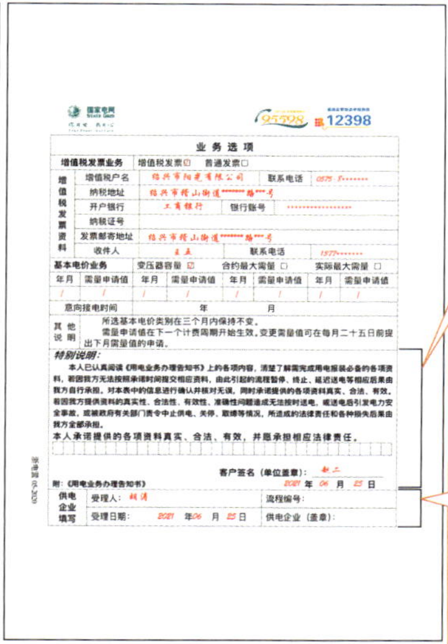

国家电网 State Grid 95598 12398

业务选项							
增值税发票业务	增值税发票☑ 普通发票□						
增值税发票资料：增值税户名	绍兴市阳光有限公司			联系电话	0575-8*******		
纳税地址	绍兴市稽山街道******路***号						
开户银行	工商银行		银行账号	****************			
纳税证号							
发票邮寄地址	绍兴市稽山街道******路***号						
收件人	王五			联系电话	1577*******		
基本电价业务	变压器容量 ☑ 合约最大需量 □ 实际最大需量 □						
年月	需量申请值	年月	需量申请值	年月	需量申请值	年月	需量申请值
/	/	/	/	/	/	/	/
意向接电时间	年 月						
其他说明	所选基本电价类别在三个月内保持不变。需量申请值在下一个计费周期开始生效，变更需量值可在每月二十五日前提出下月需量值的申请。						

特别说明：

本人已认真阅读《用电业务办理告知书》上的各项内容，清楚了解需完成用电报装必备的各项资料，若因我方无法按照承诺时间提交相应资料，由此引起的流程暂停、终止、延迟送电等相应后果由我方自行承担。对本表中的信息进行确认并核对无误，同时承诺提供的各项资料真实、合法、有效。若因我方提供资料的真实性、合法性、有效性、准确性问题造成无法按时送电，或送电后引发电力安全事故，或被政府有关部门责令中止供电、关停、取缔等情况，所造成的法律责任和各种损失后果由我方全部承担。

本人承诺提供的各项资料真实、合法、有效，并愿承担相应法律责任。

客户签名（单位盖章）：赵二

2021 年 06 月 25 日

附：《用电业务办理告知书》

供电企业填写	受理人：赵清	流程编号：
	受理日期：2021 年 06 月 25 日	供电企业（盖章）：

③客户经办人签字并盖章，公章与抬头一致，并填写申请日期。

④受理人员核对客户填写信息并录入系统、记下户号和流程号、签字并盖业务章，受理日期必须与系统受理日期一致。

《用户受电工程建设有关事项》

国家能源局浙江监管办公室
关于用户受电工程建设有关事项的提示
（2021 版）

根据国家有关规定，电力用户受电工程由用户出资建设，电力用户权益受有关法律法规保护。为使您顺利完成此次受电工程建设并依法维护自身权益，现就有关事项提示如下：

一、电力用户对受电工程建设有自主选择设计、施工和设备材料供应单位的权利。供电企业不得以任何方式直接或间接指定受电工程的设计、施工和设备材料供应单位。

（一）设计单位应取得建设部门颁发的相应等级的设计资质和其他必备的资质条件。

（二）施工单位应取得能源监管机构颁发的相应等级的《承装(修、试)电力设施许可证》和其他必备的资质条件。

（三）高压电气产品应取得国家认定机构出具的型式试验报告；低压电气产品应获得国家强制性产品认证证书（即 3C 证书）。

供电企业不得自行设置资质审查条件。电力用户如选择不符合上述条件的设计、施工单位和设备材料，其受电工程不能接入电网运行。

供电企业应按规定及时向电力用户公开用户受电工程相关信息。电力用户可登录国家能源局浙江监管办公室网站（http://zjb.nea.gov.cn），在浙江省电力用户受电工程市场信息公开与监督管理系统中查询设计、施工和设备材料供应单位的相关信息。

二、供电企业应在《供电监管办法》、《国家发展改革委、国家能源局关于全面提升“获得电力”服务水平 持续优化用电营商环境的意见》（发改能源规〔2020〕1479 号）等国家规定的时限内提供供电方案，对用户受电工程的设计文件和有关资料进行审核，开展中间检查、竣工检验及装表接电等工作。中间检查和竣工检验时发现用户受电设施存在故障隐患的，应当及时一次性书面告知用户。发现用户受电设施存在严重威胁电力系统安全运行和人身安全的隐患时，应当指导其立即消除，在隐患消除前不得送电。电力用户应做好配合。

（一）受电工程应依据供电企业提供的供电方案进行设计。

（二）受电工程设计文件应送供电企业审核。设计文件未经供电企业审核同意，电力用户不得据以施工。否则，供电企业将不予竣工检验和装表接电。

（三）电力用户应在隐蔽工程（指受电工程的接地装置、暗敷管线等）完成前，及时申请供电企业进行中间检查。

（四）电力用户应在受电工程竣工并验收合格后，及时向供电企业申请进行竣工检验。

（五）电力用户与供电企业应当在装表接电前签订协商一致的《供用电合同》。

（六）电力用户接电工作由供电企业负责。接电作业所需费用由供电企业承担，相关设备材料以产权分界点为出资界限，装表接电时限应符合《供电监管办法》、《国家发展改革委、国家能源局关于全面提升“获得电力”服务水平 持续优化用电营商环境的意见》（发改能源规〔2020〕1479 号）等国家规定。

三、能源监管机构对供电企业在受电工程相关环节的工作情况实施监管。**电力用户对供电企业、施工企业在受电工程建设中的违法违规行为，可拨打 12398 能源监管热线进行投诉举报。**

四、为维护您的合法权益，在填写用户受电工程相关业务表单时，请您确认所有信息填写完整且与实际情况相符后再签字并**签署时间、联系电话及签署地。**

本提示内容已阅知。　用户经办人（签字）：赵二

用户经办人联系电话：0575-8*******

签字地点：☑供电营业厅　☐用户办公场所　☐用户工程所在地　☐其他______

2021 年 06 月 25 日

注：本提示一式两份，电力用户和供电企业各留存一份，用户未能签署时间、联系电话及签署地，供电企业应当提醒。

注意事项

√ 核查客户已提交资料的完整性、合法性、有效性。

√ 受理人员应向客户提供《用电业务办理告知书》。

√ 对于提供资料欠缺或不完整的客户，应出具《承诺书》和《用电申请缺件通知书》，并告知客户后续需补齐资料。

√ 法人或其他组织主体资格证明文件：法人代表（或负责人）有效身份证明复印件（同自然人）；营业执照（或组织机构代码证，宗教活动场所登记证，社会团体法人登记证书，军队、武警出具的办理用电业务的证明），优先提供营业执照，无营业执照的可提供组织机构代码证等。

√ 指导客户填写《高压客户用电登记表》，双方签字盖章后，一份交客户，一份归档。

√ 提醒客户阅读《浙江省能监办关于受电工程建设有关事项的提示》并签收，向客户说明“三不指定”事项，指导客户使用“浙江省电力用户受电工程市场信息与监管系统”。

√ 房屋合法产权证明文件上的地址与用电地址应一致。

√ 表单中的任何签名应保证是本人亲笔签名，不能用签名章代替签字。

√ 盖章时一律使用红色印泥，印章要清晰、鲜明。

√ 非自然人办理用电申请、业务报验等表单（含附表）需要加盖公章。若法人本人办理的或经办人携带加盖公章的授权委托书办理的，申请单可不加盖单位公章，但需要法人本人或经办人签名。

√ 工作表单中客户签署栏为“客户签收”的签收类表单，由客户本人或经办人签名即可，不需要加盖公章。

（四）服务调度受理

1. 线上服务调度受理

工作内容

√ 通过服务调度平台对线上受理业务的客户受理信息进行核对。

√ 审核通过后发送至派工环节。

1

2

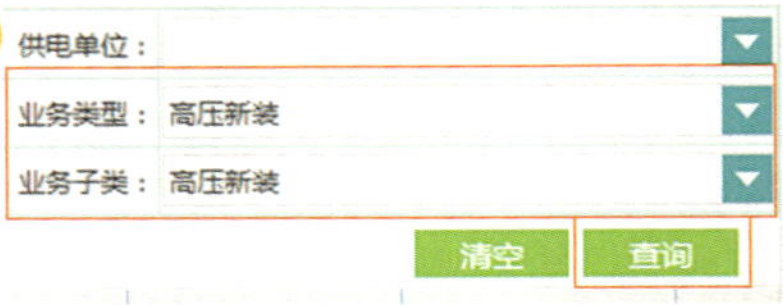

3

路径：【供电服务调度平台】>>【线上受理】

❶点击【线上受理】功能模块。

❷业务类型选择高压新装，点击【查询】。

❸对“客户信息”栏中的客户基础信息进行核对。

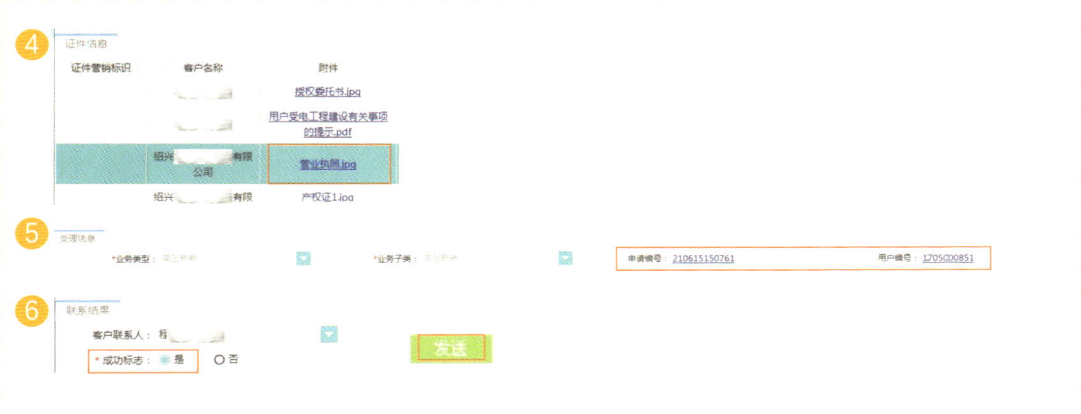

❹对“证件信息”栏进行电子资料审核。
❺对“受理信息”栏进行客户用电信息维护并保存，营销系统同步产生流程编号。
❻“联系结果”栏成功标志为“是”，“审核结果”选择通过，点击【发送】，流程派至勘查派工环节。

2. 现场服务预约

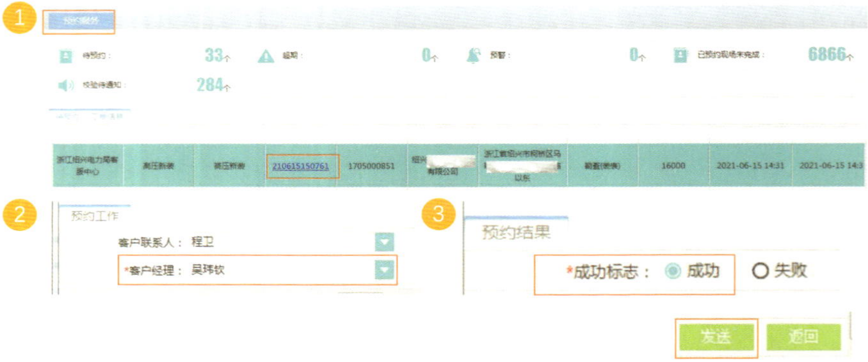

路径:【供电服务调度平台】>>【预约服务】

❶线上受理模块流程保存下发后，在“预约服务”功能模块内同步产生该业务流程（即线下）。

❷待“预约工作”栏客户经理选项显示客户经理名字后，此时营销系统流程已完成勘查派工。

❸“预约结果”栏成功标志为“成功”，点击【发送】，线下环节完成。

三 方案答复

方案答复是指在正式受理客户用电申请后，组织相关专业人员，到达用电现场，核实客户信息，勘查供电条件，确保满足电网安全运行和客户用电需求后，经过技术与经济分析，与客户协商一致确认供电方案，进行线上方案立答或线下方案答复。

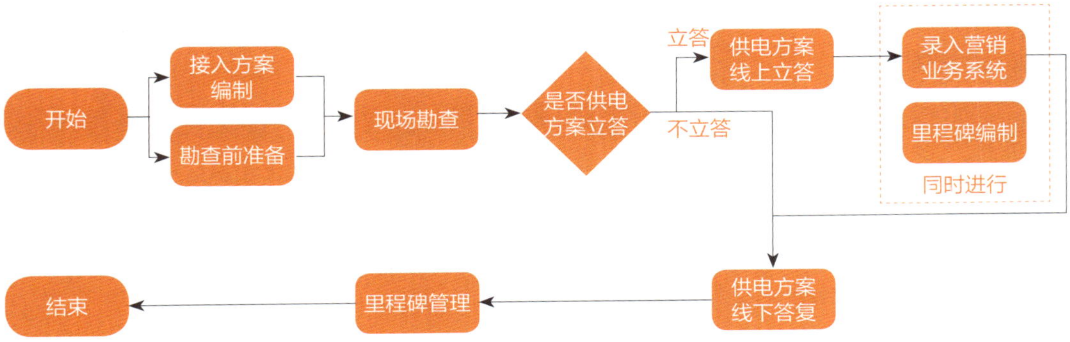

（一）现场勘查

1. 供电方案预编制

（1）查验客户报装申请资料。

工作内容

√ 核查资料、信息完整性，如存在问题应立即联系客户进行确认。

√ 了解、掌握客户的基本情况、供电需求、负荷特性等业扩报装基本信息。

（2）接入方案预编辑。

工作内容

√ 根据客户报装地址，在供服系统确认报装地址后搜索出符合条件的接入电网设备（杆塔、环网柜、开闭所、分支箱）。

√ 对线路的供电能力进行分析，确定接入设备后，编制接入方案草图，保存供电路径及电源点的矢量图，初步确定供电方式。

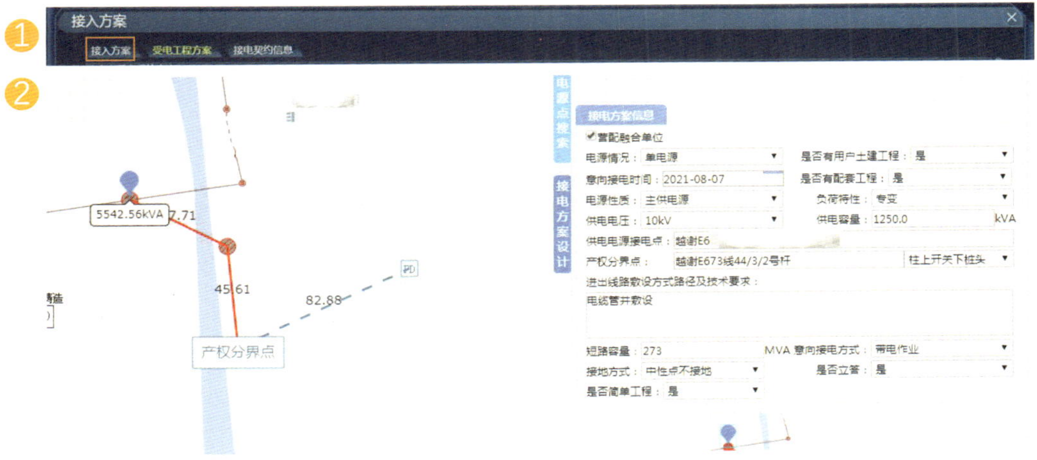

路径:【供服系统】>>【功能菜单】>>【业务处理】>>【业扩协同管理】>>【业扩工单接入】

❶选中营销系统推送至供服系统的工单，点击【接入方案】。

❷生成接入方案后一键推送到营销系统和客户端。

a）客户受电点确定。

工作内容

√ 根据客户提供资料了解客户用电地址待建（已建）建筑物对系统网架及电网规划等是否造成影响。

√ 现场核查确认客户的用电负荷中心；通过查看建筑总平面图、变配电设施设计资料等，初步确定变（配）电站的位置。

√ 通过询问及查看建筑设施设计资料，了解变（配）电站或主设备附近有无影响设备运行或安全生产的设施以及其与周边建筑的距离，确认初步确定的变（配）电站与周边建筑的距离是否符合规定要求。

❑ 变电站位置的选择，应根据下列要求经技术、经济比较决定：

■ 接近负荷中心。

■ 进出线方便。

■ 接近电源侧。

■ 设备运输方便。

■ 不应设在有剧烈震动或高温的场所。

■ 不宜设在多尘或有腐蚀性气体的场所，当无法远离时，不应设在污染源盛行风向的下风侧。

■ 不应设在厕所、浴室或其他经常积水场所的正下方，且不宜与上述场所相贴邻。

■ 不应设在有爆炸危险环境的正上方或正下方，且不宜设在有火灾危险环境的正上方或正下方，当与有爆炸或火灾危险环境的建筑物毗连时，应符合现行国家标准GB 50058—2014《爆炸和火灾危险环境电力装置设计规范》的规定。

■ 不应设在地势低洼和可能积水的场所。

b）受电容量的确定。

工作内容

√ 了解客户提供的实际用电设备装机容量、设备使用的同时率、单机设备最大容量及启动方式、自然功率因素等用电设备状况。

√ 了解客户用电设备的实际分布及综合使用情况。

√ 根据客户的综合用电状况，明确主设备（主要指配电变压器、高压电动机）的数量、分布状况，初步确定客户的总受电容量。

注意事项

√ 对符合容量开放条件的，勘查人员当场答复供电方案。对接入受限的，原则采用“先接入、后改造”方式确定供电方案，并同步抄送相关部门纳入电网受限负面清单进行整改。

c）供电电压的确定。

工作内容

√ 对照相关标准，根据客户用电地址、初定的总受电容量、用电设备对电能质量的要求及对电网的影响、周边电网布局，结合电网的近远期规划，初定客户的供电电压。

❑ 供电额定电压：

■ 低压供电：单相为220伏、三相为380伏；

■ 高压供电：为10、20、35、110、220、330、500千伏。

❑ 供电电压等级的一般原则：

■ 客户的供电电压等级应根据当地电网条件、客户分级、用电最大需量或受电设备总容量，经过技术经济比较后确定。除有特殊需要，供电电压等级一般可参照下表确定。

供电电压等级对应表

供电电压等级	用电设备容量	受电变压器总容量
220伏	10千瓦及以下单相设备	
380伏	160千瓦及以下	
10千伏		160千伏安至15兆伏安
20千伏		160千伏安至20兆伏安
35千伏		5兆伏安至40兆伏安
110千伏		20兆伏安至100兆伏安
220千伏		100兆伏安及以上

注意事项

√ 无35千伏电压等级的，10千伏电压等级受电变压器总容量为160千伏安至15兆伏安。

√ 供电半径超过本级电压规定时，可按高一级电压供电。

d）供电电源及自备电源配置的确定。

供电电源配置的一般原则

√ 供电电源应依据客户的负荷等级、用电性质、用电容量及当地供电条件等因素进行技术经济比较，与客户协商确定。

- ❑ 特级重要电力用户应具备三路及以上电源供电条件，至少有两路电源来自两个不同的变电站，且具有不同的供电路径，当任何两路电源发生故障时，第三路电源能保证独立正常供电。
- ❑ 一级重要电力用户具备两路电源供电条件，两路电源应当来自两个不同的变电站或来自不同电源进线同一个变电站内两段母线，且具有不同的供电路径，当一路电源发生故障时，另一路电源能保证独立正常供电。
- ❑ 二级重要电力用户具备双回路供电条件，供电电源可以来自同一个变电站的不同母线段。
- ❑ 临时性重要电力用户按照用电负荷重要性，在条件允许情况下，可以通过临时架线等方式满足双电源或多电源供电要求。
- ❑ 双电源、多电源供电时宜采用同一电压等级电源供电。
- ❑ 对普通电力用户可采用单电源供电。
- ❑ 根据客户分级和城乡发展规划，选择采用架空线路、电缆线路或架空—电缆线路供电。

注意事项

√ 重要电力用户应配置自备应急电源及非电性质的保安措施。非电性质的保安措施应符合客户的生产特点、负荷特性，满足无电情况下保证客户安全的需要。

√ 为充分利用配电网间隔资源，应合理控制用户专线数量。电缆网中，用户配电室应经环网单元接入公用电网。

- ❑ 对于10千伏高压用户，按照安全、经济和实用的原则，优先采用公用线路供电方式，就近就便接入电网，严格控制变电站接入方式，节约间隔和廊道资源。
- ❑ 10千伏公用变压器按照“小容量、密布点、短半径”原则配置，满足低压用户接入，在负荷密度集中、供电质量符合要求的前提下，探索变压器容量提升装置标准。

供电电源点确定的一般原则

√ 电源点应具备足够的供电能力，能提供合格的电能质量，满足客户的用电需求，保证接电后电网安全运行和客户用电安全。

√ 对多个可选的电源点，应进行技术经济比较后确定。

√ 根据客户分级和用电需求，确定电源点的回路数和种类。

√ 根据城市地形、地貌和城市道路规划要求，就近选择电源点。路径应短捷顺直，减少与道路交叉，避免近电远供、迂回供电。

自备应急电源确定的一般原则

√ 重要电力客户应配置自备应急电源及非电性质的保安措施，满足保安负荷应急供电需要。对临时性重要电力客户可以租用应急发电车（机）满足保安负荷供电要求。

√ 自备应急电源配置容量应至少满足全部保安负荷正常供电的需要。有条件的可设置专用应急母线。

√ 自备应急电源的切换时间、切换方式、允许停电持续时间和电能质量应满足客户安全要求。

√ 自备应急电源与电网电源之间应装设可靠的电气或机械闭锁装置，防止倒送电。

√ 对于环保、防火、防爆等有特殊要求的用电场所，应选用满足相应要求的自备应急电源。

e）产权分界点确定。

工作内容

√ 对有受电工程的，应按照产权分界划分的原则，确定双方工程建设出资界面。

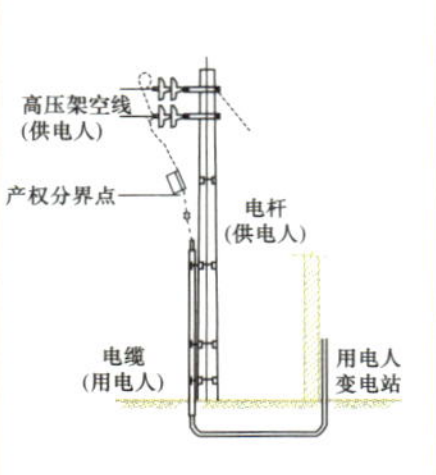

高压架空线路供电的，资产分界点为：用户进线电缆与杆上跌落式熔断器下桩头搭接处。

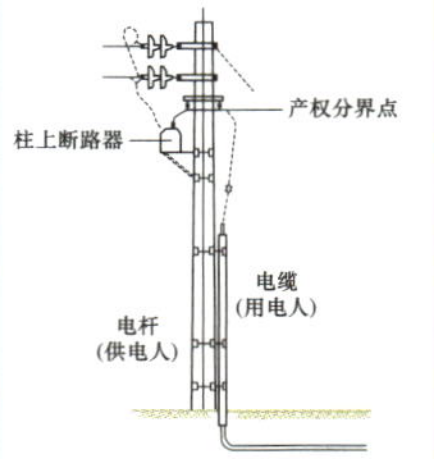

高压架空线路供电的，资产分界点为：用户进线电缆与杆上隔离开关下桩头搭接处。

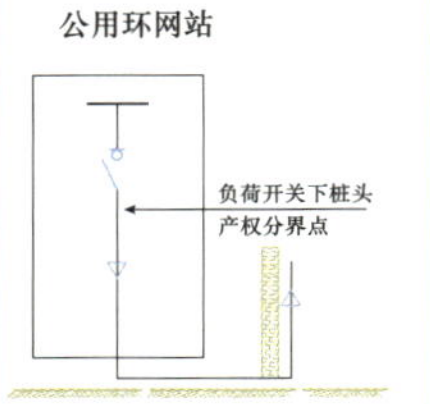

采用电缆线路供电的，资产分界点为：用户进线电缆与户外环网出线开关下桩头搭接处。

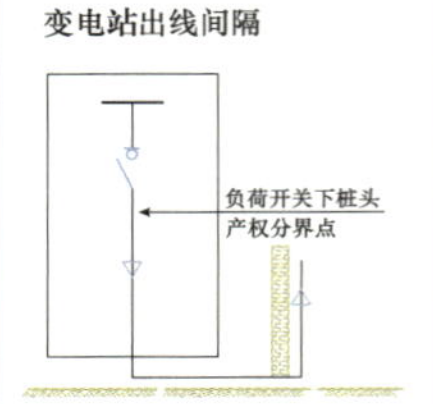

专线用户的资产分界点为：用户进线电缆与变电所间隔出线开关下桩头搭接处。

注意事项

√ 产权分界点至负荷侧属用电人产权，产权分界点属供电人产权。双方各自承担其产权范围内供用电设施的运行维护管理责任，并承担各自产权范围内供用电设施上发生事故等引起的法律责任。

（3）受电工程方案预编辑

工作内容

√ 确定电气主接线及运行方式、计费方式、电能计量、无功补偿装置的配置、继电保护和电力调度管理相关内容，完成受电工程方案的预编制。

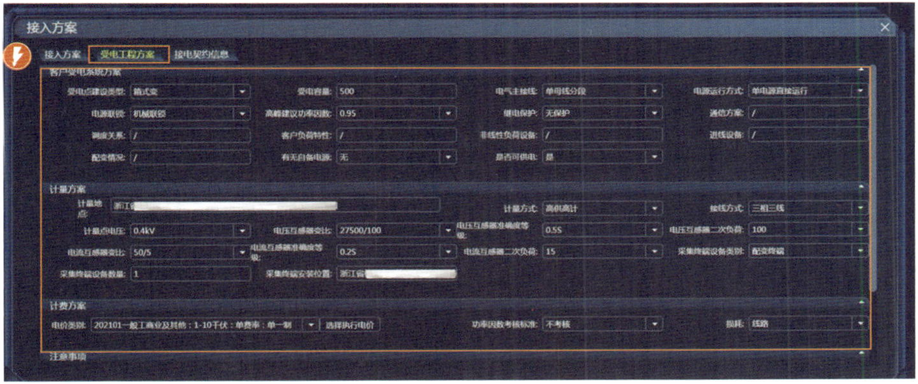

路径:【供服系统】>>【登录】>>【功能菜单】>>【业务处理】>>【业扩协同管理】>>【业扩工单接入】>>【选择项目】>>【接入方案】

点击【受电工程方案】，填写客户受电工程相关信息，信息维护结束后发送到营销系统和客户端。

a）电气主接线及运行方式的确定。

工作内容

√ 确定电气主接线的一般原则：

- ❑ 根据进出线回路数、设备特点及负荷性质等条件确定。
- ❑ 满足供电可靠、运行灵活、操作检修方便、节约投资和便于扩建等要求。
- ❑ 在满足可靠性要求的条件下，宜减少电压等级和简化接线。

√ 电气主接线的主要型式：

- ❑ 单母线、单母线分段、双母线、线路变压器组。

√ 客户运行方式的确定：

- ❑ 一级重要电力用户可采用以下运行方式。
  - ■ 两回及以上进线同时运行互为备用。
  - ■ 一回进线主供、另一回路热备用。
- ❑ 二级重要电力用户可采用以下运行方式。
  - ■ 两回及以上进线同时运行。
  - ■ 一回进线主供、另一回路冷备用。
- ❑ 普通电力用户可采用单电源直接运行。
- ❑ 不允许出现高压侧合环运行的方式。

b）计费方式的确定。

工作内容

√ 根据客户用电设备实际使用情况，客户的用电负荷性质、客户的行业分类，对照国家的电价政策，初步确定客户受电点的计费方案。

√ 大工业和一般工商业及其他用电按照市场价格购电，尚未直接参与市场交易的，由电网企业代理购电。

无功补偿因素表

减收电费	实际功率因数	0.90	0.91	0.92	0.93	0.94	0.95～1.00								
	月电费减少%	0.00	0.15	0.30	0.45	0.60	0.75								
增收电费	实际功率因数	0.89	0.88	0.87	0.86	0.85	0.84	0.83	0.82	0.81	0.80	0.79	0.73	0.77	0.76
	月电费增加%	0.5	1.0	1.5	2.0	2.5	3.0	3.5	4.0	4.5	5.0	5.5	6.0	6.5	7.0

减收电费	实际功率因数	0.95～1.00											
	月电费减少%	0.75											
增收电费	实际功率因数	0.75	0.74	0.73	0.72	0.71	0.70	0.69	0.68	0.67	0.66	0.65	功率因数自0.64及以下每降低0.01电费增加2%
	月电费增加%	7.5	8.0	8.5	9.0	9.5	10.0	11.0	12.0	13.0	14.0	15.0	

以0.85为标准值的功率因数调整电费表

减收电费	实际功率因数	0.85	0.86	0.87	0.88	0.89	0.90	0.91	0.92	0.93	0.94～1.00				
	月电费减少%	0.0	0.1	0.2	0.3	0.4	0.5	0.65	0.80	0.95	1.10				
增收电费	实际功率因数	0.84	0.83	0.82	0.81	0.80	0.79	0.78	0.77	0.76	0.75	0.74	0.73	0.72	0.71
	月电费增加%	0.5	1.0	1.5	2.0	2.5	3.0	3.5	4.0	4.5	5.0	5.5	6.0	6.5	7.0

减收电费	实际功率因数	0.94～1.00											
	月电费减少%	1.10											
增收电费	实际功率因数	0.70	0.69	0.68	0.67	0.66	0.65	0.64	0.63	0.62	0.61	0.60	功率因数自0.59及以下每降低0.01电费增加2%
	月电费增加%	7.5	8.0	8.5	9.0	9.5	10.0	11.0	12.0	13.0	14.0	15.0	

各用电分类的适用范围

用电类别	适用范围
居民生活用电	1. 城乡居民住宅用电及城乡居民住宅小区公用附属设施用电（不包括从事生产、经营活动用电） 2. 学校教学和学生生活用电，不含各类经营性培训机构 3. 社会福利场所生活用电 4. 宗教场所生活用电 5. 城乡社区居民委员会服务设施用电及监狱监房生活用电 6. 不纳入城镇污水管网的农村污水微动力处理设施用电以及农村生活垃圾资源化处理设施用电
大工业用电	1. 以电为原动力，或以电冶炼、烘焙、熔焊、电解、电化的一切工业生产，且受电变压器容量在315千伏安（含不通过受电变压器的高压电动机）及以上的用电，以及符合上述容量规定的电气化铁路牵引用电、自来水厂用电、污水处理厂及其泵站用电、船舶修理厂用电，自来水厂用电和污水处理厂及其泵站用电是否执行分时电价由用户自行选择 2. 符合上述容量规定的中小化肥用电 3. 符合上述容量规定的电解铝生产用电 4. 符合上述容量规定的氯碱生产用电
一般工商业及其他用电	1. 普通工业用电：以电为原动力，或以电冶炼、烘焙、熔焊、电解、电化的一切工业生产，且受电变压器容量在315千伏安（含不通过受电变压器的高压电动机）以下或低压受电的用电，以及符合上述容量规定的自来水厂用电、污水处理厂及其泵站用电、船舶修理厂用电，是否执行分时电价由用户自行选择 2. 符合上述容量规定的中小化肥用电 3. 商业用电指从事商品交换、提供有偿服务等非公益性场所的用电，主要包括：服务业、商品销售业、文化娱乐、健身、休闲业 、金融交易业、商务服务业、电信和其他信息传输服务业、其他服务业 4. 非工业用电，主要包括：机关、事业单位、社会团体、医院、研究机构、宗教场所等用电；铁道、地铁、邮政、管道输送、航运、电车、电视、广播、仓库（仓储）、码头、车站、停车场、飞机场、下水道、路灯、广告（牌、箱）、体育场（馆）、市政公共设施、公路收费站、农贸市场等用电；临时施工用电；邮政、自来水、管道煤气（天然气）、有线电视等单位的营业厅用电；部队、狱政用电 5. 除居民生活用电、大工业用电、农业生产用电外的其他用电，均执行一般工商业及其他用电价格
农业生产用电	1. 农业、林木培育和种植、畜牧业、渔业生产用电 2. 农业灌溉用电 3. 农业服务业中的农产品初加工用电，其他农、林、牧、渔服务业用电和农副食品加工业用电不执行农业生产用电价格 4. 通过农村排灌电力线路供电的农村饮水安全工程供水用电 5. 海水淡化用电

c）电能计量的确定。

工作内容

√ 电能计量点原则上应设置在供电设施与受电设施的产权分界处。

√ 高压供电的客户，宜在高压侧计量；但对10千伏供电且容量在315千伏安及以下、35千伏供电且容量在500千伏安及以下的，高压侧计量确有困难时，可在低压侧计量，即采用高供低计方式。

√ 有两路及以上线路分别来自不同供电点或有多个供电点的客户，应分别装设电能计量装置。

√ 客户一个受电点内不同电价类别的用电，应分别装设电能计量装置。

√ 有送、受电量的地方电网和有自备电厂的客户，应在并网点上装设送、受电电能计量装置。

√ 接入中性点绝缘系统的电能计量装置，宜采用三相三线接线方式；接入中性点非绝缘系统的电能计量装置，应采用三相四线接线方式。

电能计量装置配置的电能表、互感器的准确度等级最低值

电能计量装置类别	准确度等级			
	电能表		电力互感器	
	有功	无功	电压互感器	电流互感器
Ⅰ	0.2S	2	0.2	0.2S
Ⅱ	0.5S	2	0.2	0.2S
Ⅲ	0.5S	2	0.5	0.5S
Ⅳ	1	2	0.5	0.5S
Ⅴ	2	—	—	0.5S

❑ 发电机出口可选用非S级电流互感器。

d）无功补偿装置的配置。

工作内容

√ 无功补偿装置的配置原则：

- ❑ 无功电力应分层分区、就地平衡。客户应在提高自然功率因数的基础上，按有关标准设计并安装无功补偿设备。
- ❑ 为提高客户电容器的投运率，并防止无功倒送，宜采用自动投切方式。

√ 功率因数要求：

- ❑ 100千伏安及以上高压供电的电力客户，在高峰负荷时的功率因数不宜低于0.95；其他电力客户和大、中型电力排灌站、趸购转售电企业，功率因数不宜低于0.90；农业用电功率因数不宜低于0.85。

√ 无功补偿容量的计算：

- ❑ 电容器的安装容量，应根据客户的自然功率因数计算后确定。
- ❑ 当不具备设计计算条件时，电容器安装容量的确定应符合下列规定。
  - ■ 35千伏及以上变电站可按变压器容量的10%~30%确定。
  - ■ 10千伏变电站可按变压器容量的20%~30%确定。

e）继电保护。

工作内容

√ 继电保护方式配置。

- ❑ 继电保护和自动装置的设置应符合GB 14285—2016《电力装置的继电保护和自动装置设计规范》、GB/T 50062—2008《继电保护和安全自动装置技术规程》的规定。
- ❑ 进线保护的配置应符合以下规定：10千伏进线应装设速断或延时速断、过电流保护。对小电阻接地系统，宜装设零序保护。
- ❑ 主变压器保护的配置应符合下列规定：
  - ■ 容量在0.4兆伏安及以上车间内油浸变压器和0.8兆伏安及以上油浸变压器，均应设置气体保护。其余非电量保护按照变压器厂家要求配置。
  - ■ 电压在10千伏及以下、容量在10兆伏安及以下的变压器，采用电流速断保护和过电流保护分别作为变压器主保护和后备保护。

（4）接电契约信息编辑

工作内容

√ 与客户签订服务契约，约定配套电网工程投产时间与双方责任界面，便于协同各环节责任分工和时限管控机制，实现客户按时接电、尽早用电。

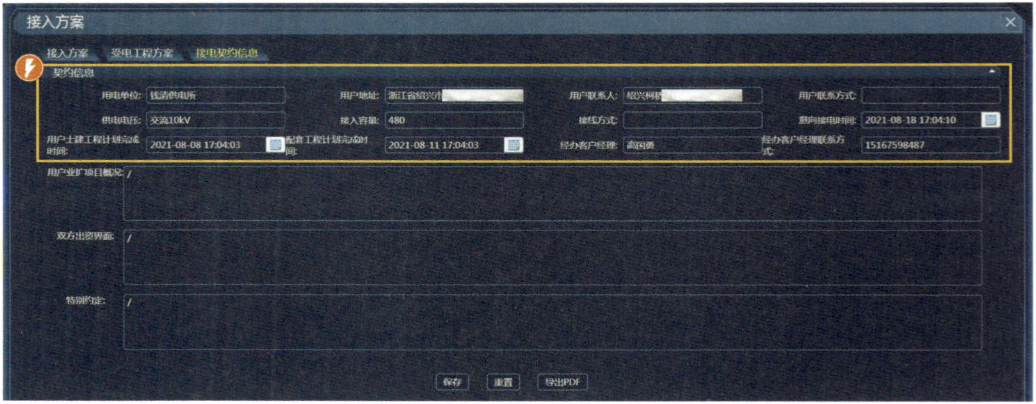

路径:【供服系统】>>【功能菜单】>>【业务处理】>>【业扩协同管理】>>【接电契约信息】

❶点击【接电契约信息】，填写客户接电契约相关信息，信息维护结束后发送到营销系统和客户端。

2. 现场勘查前准备

（1）预约联系

工作内容

√ 通过办电e助手、电话等渠道与客户沟通确认现场勘查时间。

√ 预约时应充分考虑客户合理需求，对客户咨询做好合理解释。

√ 根据事先的安排，协调、组织相关人员在约定的勘查时间至客户现场开展勘查工作。

√ 按照收资清单要求用户在现场提供缺失资料。

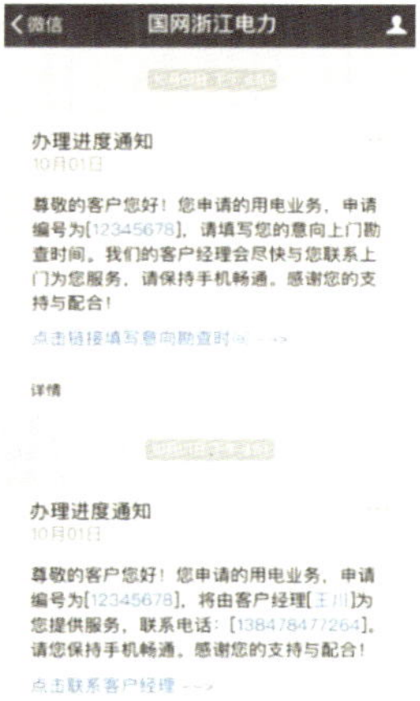

客户看版

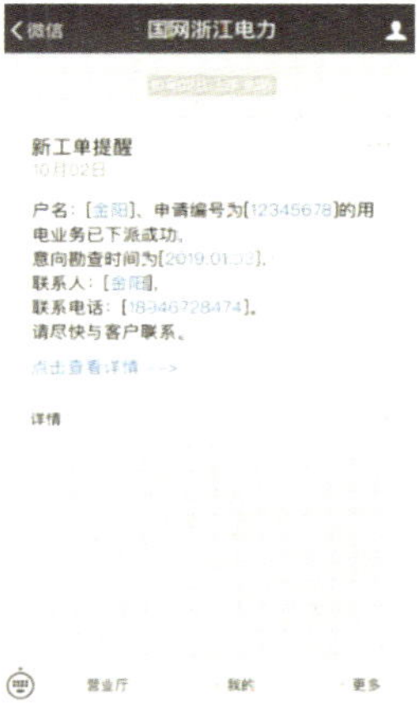

客户经理看版

（2）打印勘查单

工作内容

√ 现场作业人员在实施现场勘查前，应打印《高压现场勘查单》，为客户供电方案的拟订做好必要的准备工作。

（3）工器具准备

工作内容

√ 准备好安全帽、测距仪、照明工具、卷尺等。

安全帽

测距仪

照明工具

3. 现场勘查

（1）安全措施及注意事项

工作内容

√ 根据与客户预约的时间，组织专业协同人员到用电现场核实客户的负荷性质、用电容量、用电类别等信息，结合现场供电条件确认初步接入方案中的电源、计量、计费方案是否可行，确保满足电网安全运行和客户用电需求。

注意事项

√ 现场勘查工作至少两人共同进行，实行现场监护。

√ 进入客户设备运行区域，必须穿棉质工作服、戴安全帽，携带手持终端、必要照明器材。

至少两人进行现场勘查

现场携带照明工具

携带手持终端

进入作业现场

防止高空坠落

防止摔伤

注意事项

√ 需攀登杆塔或梯子（临时楼梯）时，要落实防坠落措施，并在有效的监护下进行。

√ 工作人员应在客户电气工作人员的带领下进入工作现场，并在规定的工作范围内工作。

√ 不得在高空落物区通行或逗留。

√ 注意观察现场孔（洞）及锐物，人员相互提醒，防止踏空、扎伤。

严禁进入危险区域

与带电设备保持足够安全距离

注意事项

√ 要求客户方进行现场安全交底，做到对现场危险点、安全措施等情况清楚了解。要求客户方或施工方在危险区域按规定设置警示围栏或警示标志。

√ 对有临时用电的客户，勘查人员应掌握带电设备的位置，与带电设备保持足够安全距离，注意不要误碰、误动、误登运行设备。严格监督带电设备与周围设备及工作人员的安全距离是否足够，不得操作客户设备。对客户设备状态不明时，均视为运行设备。

（2）客户信息现场核查

a）基础信息核查。

工作内容

√ 核对客户名称、用电地址、法定代表人、电气负责人、联系电话等是否与客户提供的申请资料对应。

√ 对照相关法律、法规，确认客户申请用电项目的合法性。

√ 了解该项目的投资情况，资金来源、发展前景及计划完工时间。

注意事项

√ 发现实际信息与客户申请信息不相符，应按照实际情况予以修改。

√ 现场勘查发现客户申请情况不符合国家法律法规相关规定时，应向客户做好说明解释，在勘查工作单中记录相关问题，并由客户签字确认，结束流程。待客户具备办理条件后重新申请业务办理。

√ 对供电可靠性有特殊要求的客户，建议采用专线、双电源或配置自备电源等方式，以满足供电可靠性要求。

√ 勘查人员应提醒客户提前准备《承诺书》中约定在其他时间或其他环节提供的缺件资料。

b）用电设备信息核查。

工作内容

√ 了解客户生产工艺、用电负荷特性、特殊设备对供电的要求等。

√ 询问调查、核对客户有无冲击负荷、非对称负荷及谐波源设备。

❑ 非线性负荷的主要种类：

■ 换流和整流装置，包括电气化铁路、电车整流装置、动力蓄电池用的充电设备等。

■ 冶金部门的轧钢机、感应炉和电弧炉。

■ 电解槽和电解化工设备。

■ 大容量电弧焊机。

■ 大容量、高密度变频装置。

■ 其他大容量冲击设备的非线性负荷。

❑ 非线性负荷的主要要求：

■ 用户应委托有资质的专业机构出具非线性负荷设备接入电网的电能质量评估报告。

■ 按照“谁污染、谁治理”和“同步设计、同步施工、同步投运、同步达标”的原则，在供电方案中明确客户治理电能质量污染的责任及相关要求。

■ 用户负荷注入公共电网连接点的谐波电压限值及谐波电流允许值应符合GB/T 14549—1993《电能质量公用电网谐波》国家标准的限值。

■ 用户的冲击性负荷产生的电压波动允许值应符合GB/T 12326—2008《电能质量电压波动和闪变》国家标准的限值。

c）重要电力用户等级核查。

工作内容

√ 重要电力用户的界定：

- 重要电力用户是指在国家或者一个地区（城市）的社会、政治、经济生活中占有重要地位，对其中断供电将可能造成人身伤亡、较大环境污染、较大政治影响、较大经济损失、社会公共秩序严重混乱的用电单位或对供电可靠性有特殊要求的用电场所。
- 重要电力用户的认定一般由电力用户提出，经当地政府部门批准。

重要电力用户等级细分

重要电力用户等级	说明	客户细分
特级重要用户	是指在国家事务中具有特别重要作用，中断供电将可能危害国家安全的电力用户	—
一级重要电力用户	是指中断供电将产生右栏后果之一的电力用户	1）直接引发人身伤亡的； 2）造成严重环境污染的； 3）发生中毒、爆炸、火灾的； 4）造成重大政治影响的； 5）造成重大经济损失的； 6）造成较大范围社会公共秩序严重混乱的
二级重要电力用户	是指中断供电将可能产生右栏后果之一的电力用户	1）造成较大环境污染的； 2）造成较大政治影响的； 3）造成较大经济损失的； 4）造成一定范围社会公共秩序严重混乱的
临时重要电力用户	是指需要临时特殊供电保障的电力用户	—

（3）初步方案确定

工作内容

√ 现场核查、确认用户的用电负荷中心；查看建筑总平面图、变（配）电设施设计资料等，确定变（配）电站的位置，根据现场情况可修改对原有的接入方案中变（配）电站位置。

√ 核查用户的总受电容量是否准确。

√ 核查确认用户的行业分类，确认计费方案。

√ 填写《高压现场勘查单》。

《高压现场勘查单》示例

①核查户名、联系人、用电地址等用户基本信息。

⑧供电简图，按现场实际情况绘制。

⑨勘查人（签名），按实际现场勘查人签名。

⑩勘查日期，按实际填写。

95598　12398

高压现场勘查单

客户基本信息					
户号	17********	流程编号		（档案标识二维码）	
户名	绍兴市阳光有限公司				
联系人	李四	联系电话	0575-8*******		
用电地址	绍兴市稽山街道*******路***号				
申请备注					
意向接电时间	2021 年 07 月 08日				
现场勘查人员核定					
申请用电类别	大工业用电	核定情况：是☐ 否☐______			
申请行业分类	日用化学产品制造	核定情况：是☐ 否☐______			
申请用电容量	1250千伏安	核定用电容量			
供电电压		受电点建设类型		变压器建议类型	
接电点描述					
线路敷设方式及路径					
电气设备相关情况（是否有影响电能质量的设备）					
其他					
供电简图：					
勘查人（签名）		勘查日期	年　月　日		

浙电营06-2020

②核定申请用电类别、申请行业分类、申请用电容量、供电电压等情况，在相应选项后打“√”，并在后面修改新的用电类别、行业分类。

③核定容量，按实际容量填写。

④受电点类型选择箱式变压器、配电站等。

⑤变压器建议类型选择S11-M、SCB10等节能型。

⑥接电点：××线路××号杆、××线路××环网站（开闭所）××间隔。

⑦线路敷设方式及路径，根据实际敷设方式填写。

（4）完成供电方案编制

工作内容

√ 根据现场确定的电源点、受电容量、电气主接线、计费方案、计量方案，结合初步编辑的供电方案内容，依次完成接入方案、受电工程、方案简图的编制，并推送至供服系统。

1

❶进入业扩一体化App，点击【供电方案编制】，选择接入方案编制，完成相应接入方案信息填写。

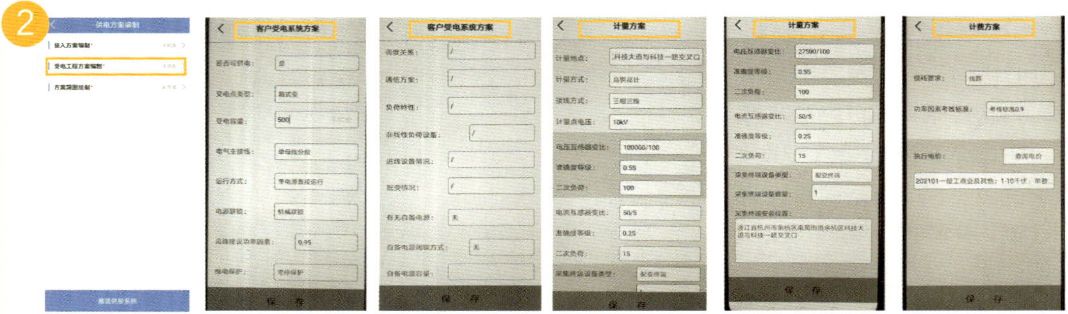

❷选择受电工程方案编制，进行客户受电方案的编制。

3

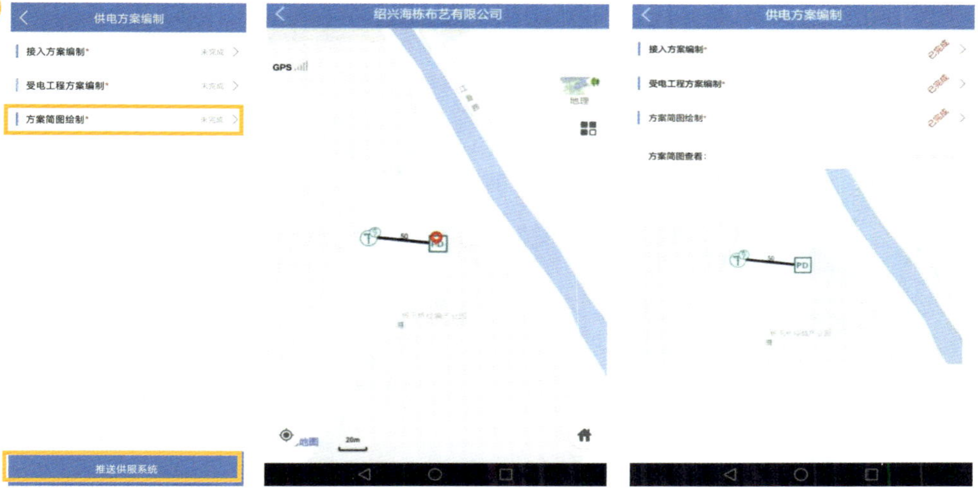

❸选择方案简图绘制，完成后推送至供服系统。

（5）配套工程初步设计

工作内容

√ 在移动作业终端中初步完成配套工程设计，设计杆型、杆高、杆径、熔断器型号。

配套工程初步设计

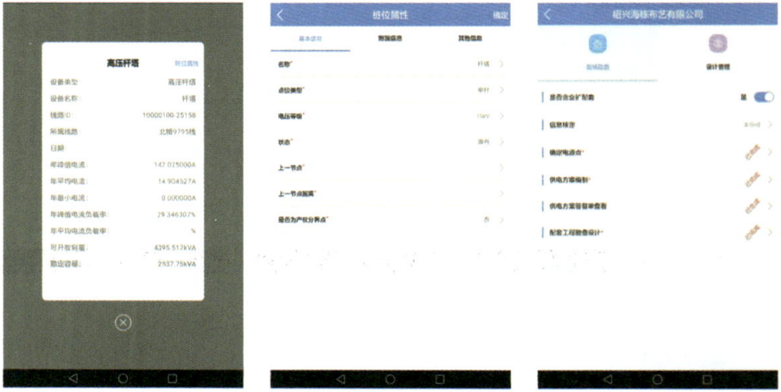

4. 录入营销业务系统

（1）勘查方案操作界面及说明

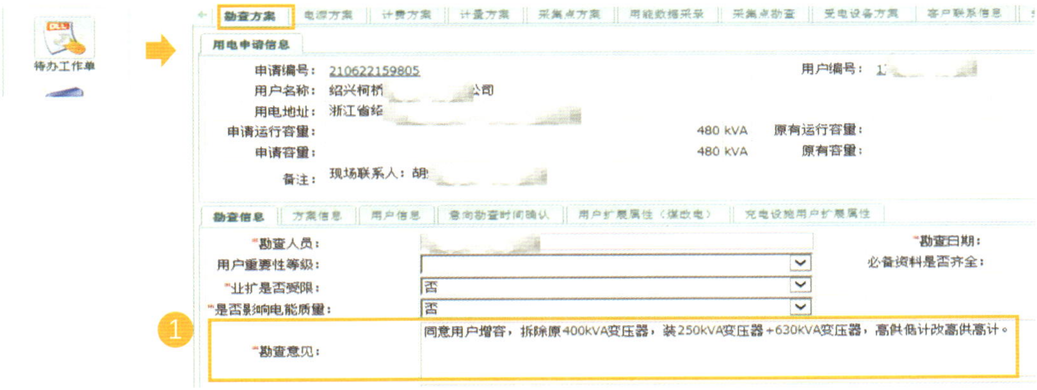

路径：【营销系统】>>【待办工作单】>>【现场勘查】>>【勘查方案】

❶根据勘查结果，填写勘查意见。

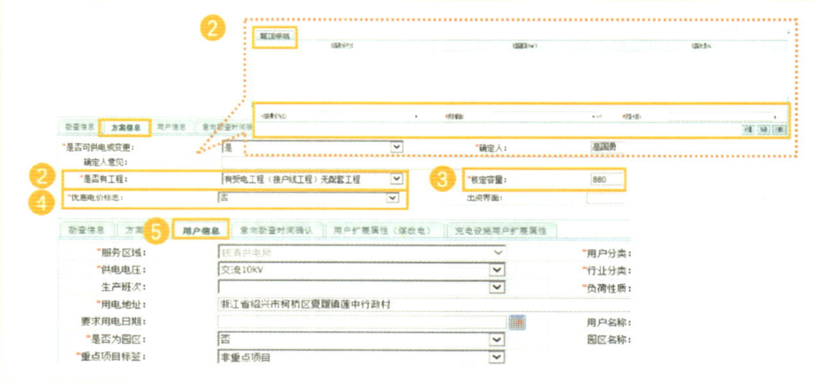

❷是否有工程选择“既有配套工程又有受电工程”，“有配套工程无受电工程”时，填写配套工程线路信息。

❸根据现场勘查确定核定容量与申请容量是否一致，如不一致则修改。

❹优惠电价需有省级物价部门文件支撑。

❺核对用户信息。

注意事项

√ 内部工程：产权分界点以下需要由用户自行负责建设和管理的受电工程。

√ 外部工程：产权分界点至电网同一电压等级公用供电设备之间的接入工程。

√ 若选择有配套工程时，请在方案信息中录入“配套工程线路信息”。

- ❑ 低线路敷设方式、线路截面、线路长度为必填项。
- ❑ 线路长度允许16个有效数字：14位整数，2位小数。

（2）电源方案操作界面及说明

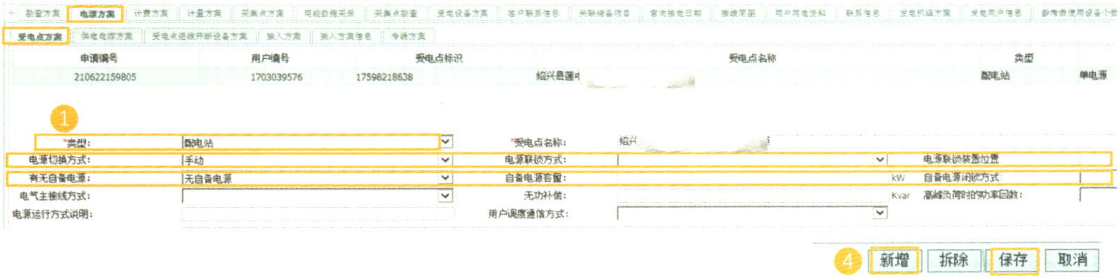

路径:【营销系统】>>【待办工作单】>>【现场勘查】>>【电源方案】

❶“类型”根据现场勘查确定变电站、配电房或箱式变压器等。

❷多电源用户需填写“电源切换方式”“电源连锁方式”“电源连锁装置位置”。

❸自备应急电源配置容量应至少满足全部保安负荷正常供电的需要。

❹多电源用户点击【新增】。核对受电点方案信息，然后点击【保存】。

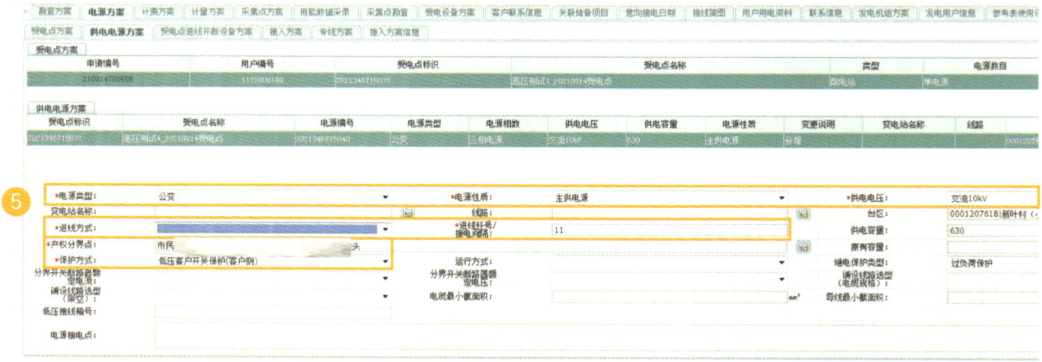

注意事项

❺电源类型：选择专变、专线。

线路：选择确定的供电线路。

进线方式：选择进线方式并填写进线杆号/接电间隔。

产权分界点：按照《供电营业规则》第四十七条规定选择。

保护方式：根据电网保护配置情况和用户需要确定。

核对供电电源方案信息后保存。

√ 进线杆需要以××号杆来填写，杆字不能遗漏；

√ 接电间隔需要以××号间隔来填写，间隔两字不能遗漏。

（3）计费方案操作界面及说明

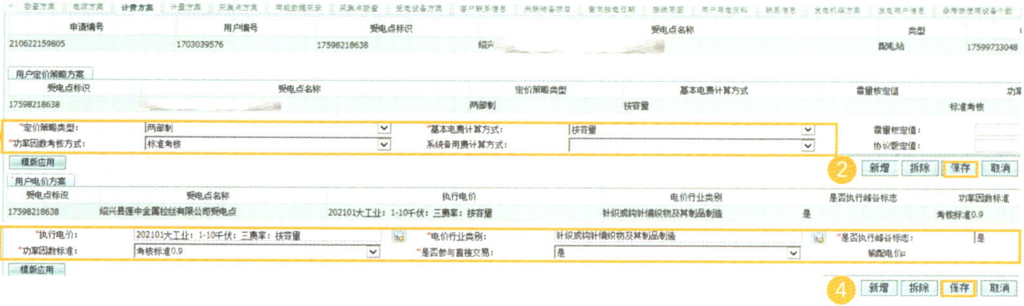

路径：【营销系统】>>【待办工作单】>>【现场勘查】>>【计费方案】

❶定价策略类型：大工业客户选择两部制，符合大工业用电容量规定的商业客户，可选择两部制，其他选择单一制；基本电费计算方式：两部制电价客户应选择按容量或按需量，需量值根据客户申请核定；功率因数考核方式：临时用电、100千伏安以下客户不考核，其他选择标准考核。

❷填写客户定价策略方案信息，核对完成后保存。

❸电价行业类别：主电价与行业类别统一；是否执行峰谷标志：根据省级物价部门电价文件确定执行电价及是否执行峰谷标志；功率因数标准：参照国家物价局（83）水电财字第215号文件《功率因数调整电费办法》执行。

❹填写客户电价方案信息，核对完成后保存。

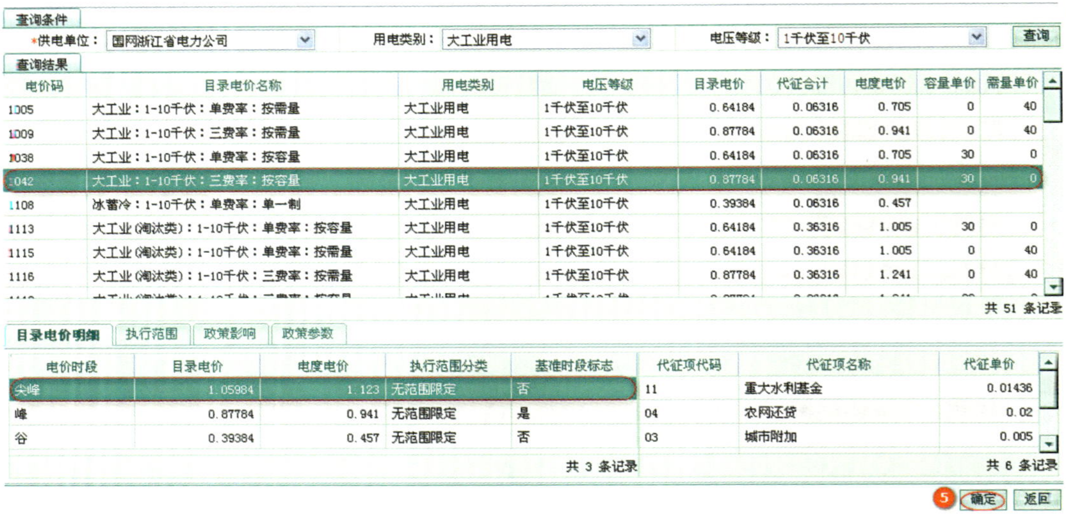
查询条件

*供电单位：国网浙江省电力公司　用电类别：大工业用电　电压等级：1千伏至10千伏　查询

查询结果

电价码	目录电价名称	用电类别	电压等级	目录电价	代征合计	电度电价	容量单价	需量单价
1005	大工业：1-10千伏：单费率：按需量	大工业用电	1千伏至10千伏	0.64184	0.06316	0.705	0	40
1009	大工业：1-10千伏：三费率：按需量	大工业用电	1千伏至10千伏	0.87784	0.06316	0.941	0	40
1038	大工业：1-10千伏：单费率：按容量	大工业用电	1千伏至10千伏	0.64184	0.06316	0.705	30	0
1042	大工业：1-10千伏：三费率：按容量	大工业用电	1千伏至10千伏	0.87784	0.06316	0.941	30	0
1108	冰蓄冷：1-10千伏：单费率：单一制	大工业用电	1千伏至10千伏	0.39384	0.06316	0.457		
1113	大工业(淘汰类)：1-10千伏：单费率：按容量	大工业用电	1千伏至10千伏	0.64184	0.36316	1.005	30	0
1115	大工业(淘汰类)：1-10千伏：单费率：按需量	大工业用电	1千伏至10千伏	0.64184	0.36316	1.005	0	40
1116	大工业(淘汰类)：1-10千伏：三费率：按需量	大工业用电	1千伏至10千伏	0.87784	0.36316	1.241	0	40

共 51 条记录

目录电价明细　执行范围　政策影响　政策参数

电价时段	目录电价	电度电价	执行范围分类	基准时段标志
尖峰	1.05984	1.123	无范围限定	否
峰	0.87784	0.941	无范围限定	是
谷	0.39384	0.457	无范围限定	否

共 3 条记录

代征项代码	代征项名称	代征单价
11	重大水利基金	0.01436
04	农网还贷	0.02
03	城市附加	0.005

共 6 条记录

5 确定　返回

❺在弹出的界面中选择执行电价，点击【确定】。

（4）计量方案操作界面及说明

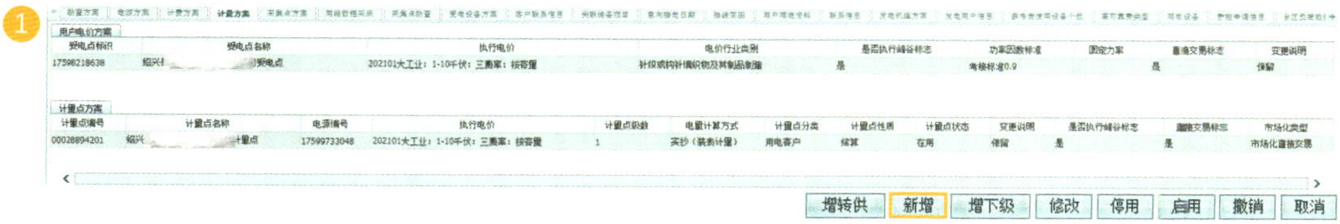

路径：【营销系统】>>【待办工作单】>>【现场勘查】>>【计量方案】

❶点击【新增】填写相关内容。

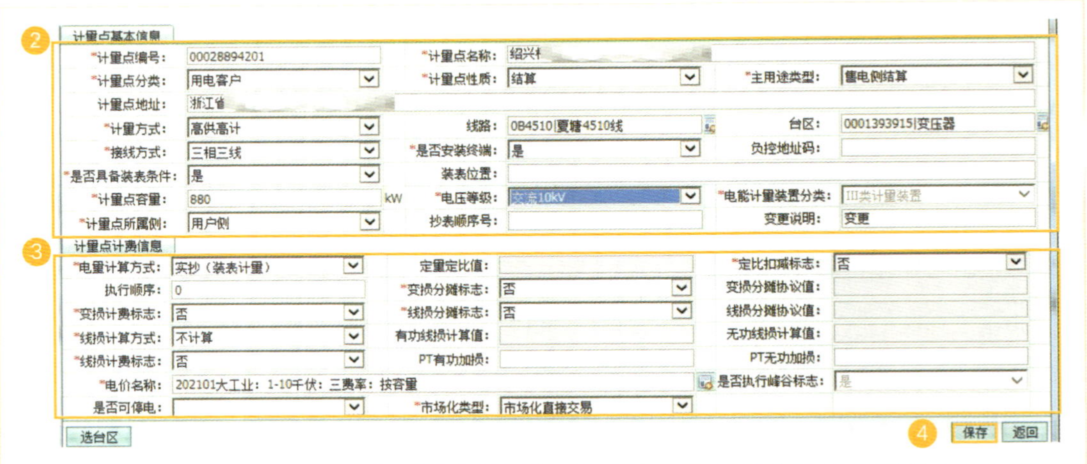

❷计量点基本信息。

计量方式：受电容量400千伏安以上变压器或多台变压器、双电源用户采用高供高计，其他可采用高供低计；接线方式：高供低计采用三相四线，高供高计采用三相三线；电能计量装置分类：根据DL/T 448—2000《电能计量装置技术管理规程》选择Ⅰ～Ⅴ类计量装置。

❸计量点计费信息。

变损参数：高供低计客户选择“是”，其余客户选“否”；线损参数：专线用户表计安装位置与产权分界点一致的选“否”“不计算”，反之选“是”并填写有功线损计算值；定量定比值：若存在定量定比的核实该值是否与实际相符；核对客户计量点容量、电压等级、线路、台区、电价。

❹核对计量点方案信息，点击【保存】。

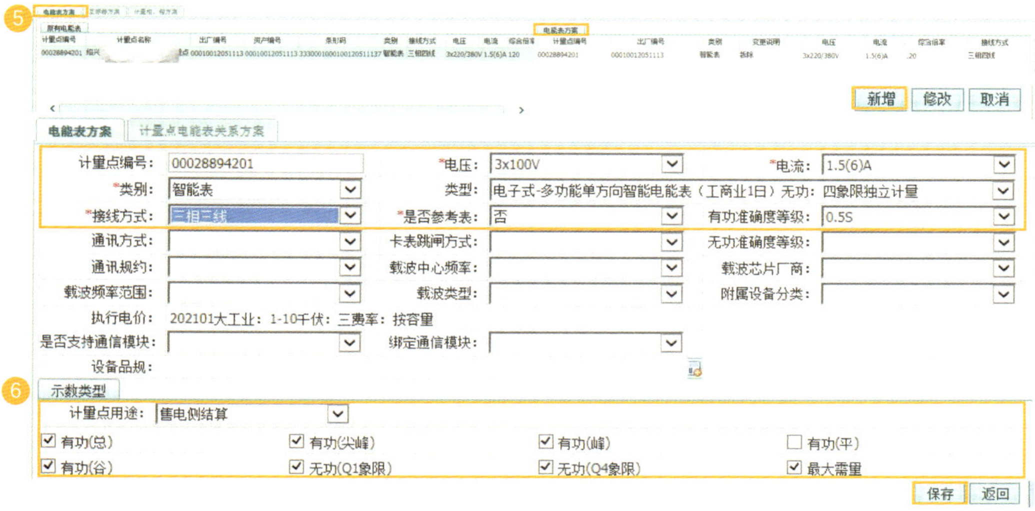

❺点击【计量方案】>>【电能表方案】，点击【新增】进行参数设置并【保存】。

❻示数类型：根据客户实际执行分时电价、功率因数考核情况选择相应的示数类型。

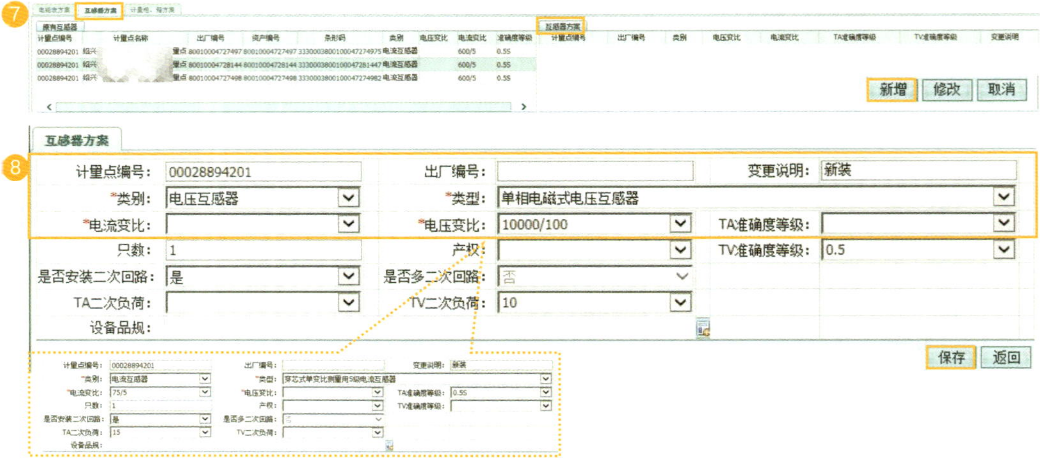

❼点击【计量方案】>>【互感器方案】，点击【新增】进行参数设置并【保存】。

❽根据计量规程选择互感器类型、变比、数量、额定电流。

（5）采集点方案操作界面及说明

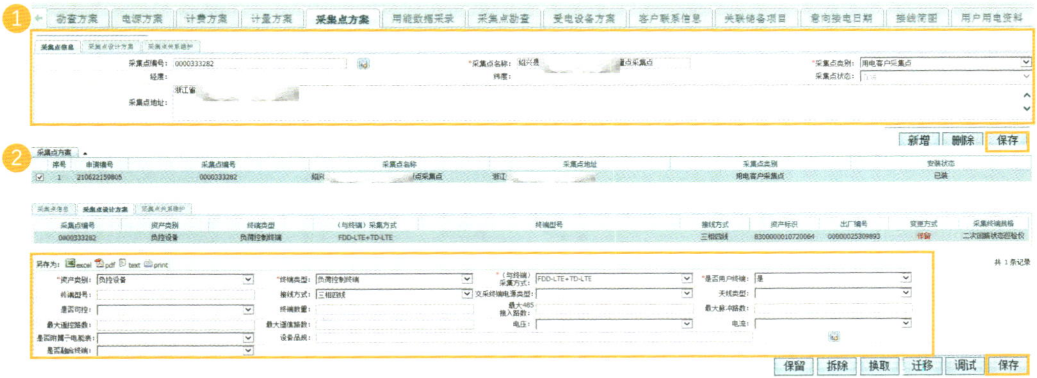

路径：【营销系统】>>【待办工作单】>>【现场勘查】>>【采集点方案】

❶点击【采集点方案】，填写采集点信息，核对采集点信息，保存采集点信息。

❷在弹出的对话框中点击【确定】，跳转至采集点设计方案，核对采集点设计方案，点击【保存】，完成采集点方案。

（6）受电设备方案操作界面以及说明

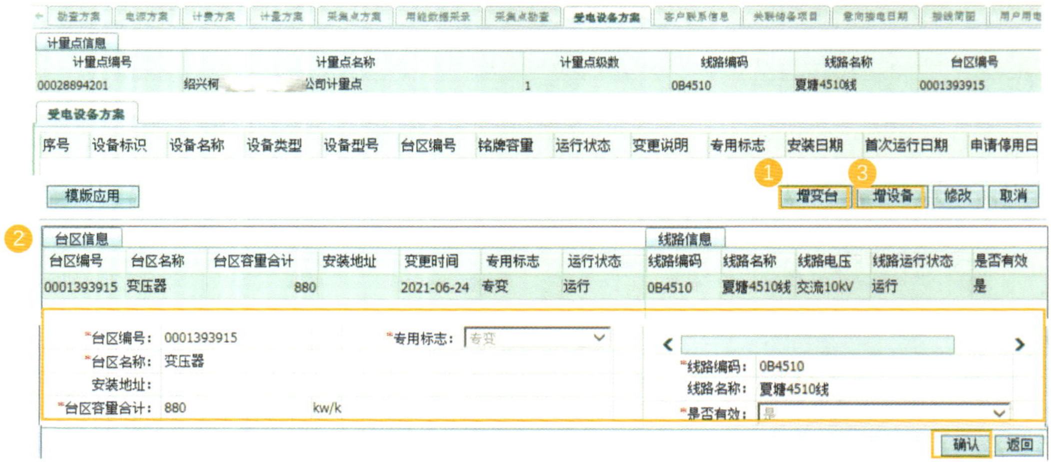

路径：【营销系统】>>【待办工作单】>>【现场勘查】>>【受点设备方案】

❶点击【增变台】，新增台区信息。

❷填写台区信息，核对无误后点击【确认】，成功新增台区信息。

❸如有多台设备点击【增设备】，逐台录入相关信息并保存。

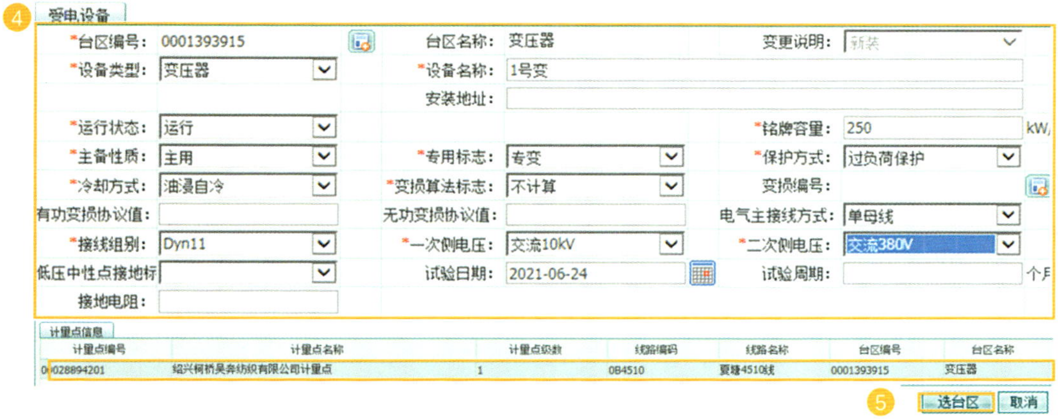

❹设备类型：选择变压器或高压电动机；主备性质：多电源用户选择主用、备用；铭牌容量：变压器额定容量；变损算法标志：高供高计客户选择“不计算”，高供低计的选择“按标准公式”，同时选择对应变损编号；接线组别、一次侧电压、二次侧电压按照实际情况填写。

❺在“受电设备方案”界面中点击【选台区】。

6

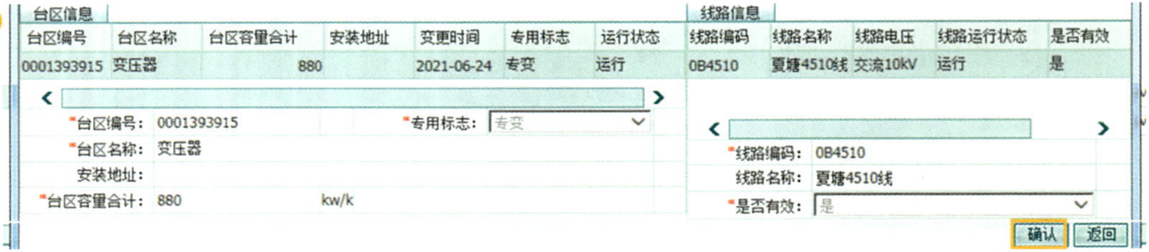

❻核对台区与线路信息，点击【确认】。

（7）方案发送操作界面以及说明

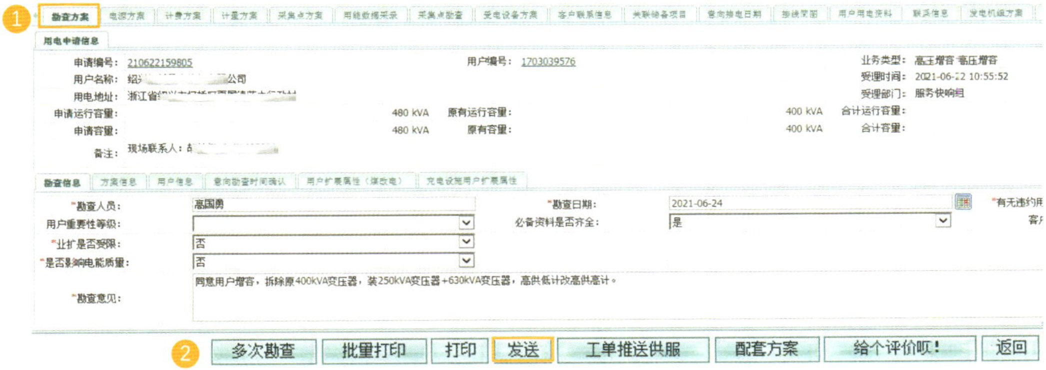

路径：【营销系统】>>【待办工作单】>>【现场勘查】

❶点击【勘查方案】，返回勘查方案界面。

❷在弹出的对话框中点击【发送】，现场勘查系统录入环节全部结束。

（二）供电方案答复

工作内容

√ 线上答复：将业扩一体化App供电方案编制完成生成的服务记录生成答复单，推送至客户网上国网App服务记录中进行签收。

√ 线下答复：通过客户自取或邮寄等方式在规定时间内将通知单及附件送达客户，客户收到《供电方案答复单》后签字盖章确认，并反馈答复信息。

注意事项

√ 应向客户说明高压客户供电方案的有效期为一年。

√ 客户对供电方案有异议，应在一个月内提出意见，双方再行协商确定。

√ 应告知客户设计、设备供应、施工等单位需具备相应资质。

√ 应告知客户缴费等后续相关事宜。

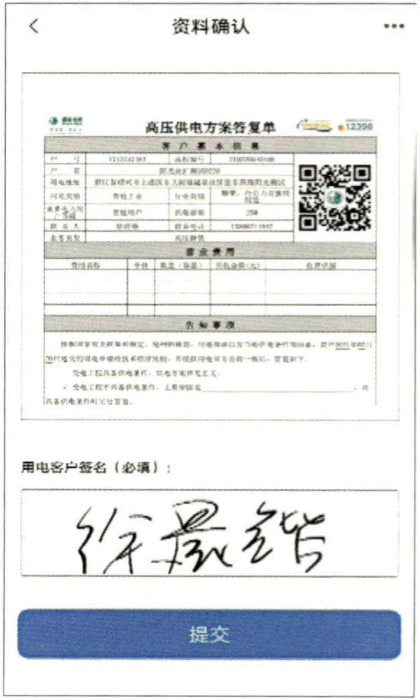

线上答复单推送

《高压供电方案答复单》

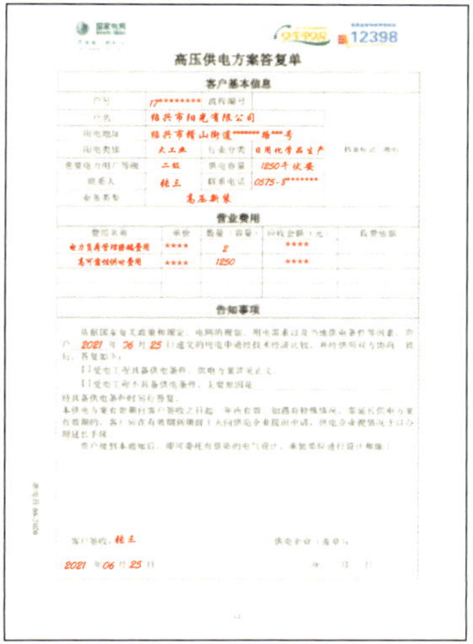
高压供电方案答复单

客户基本信息

17********
绍兴市阳光有限公司
绍兴市柯山街道*******路***号
大工业 日用化学品生产
二级 1250千伏安
钱三 0575-8******
高压新装

营业费用

电力负荷管理终端费用	****	2	****
高可靠性供电费用	****	1250	****

告知事项

2021 年 06 月 25 日

客户签收：钱三

2021 年 06 月 25 日

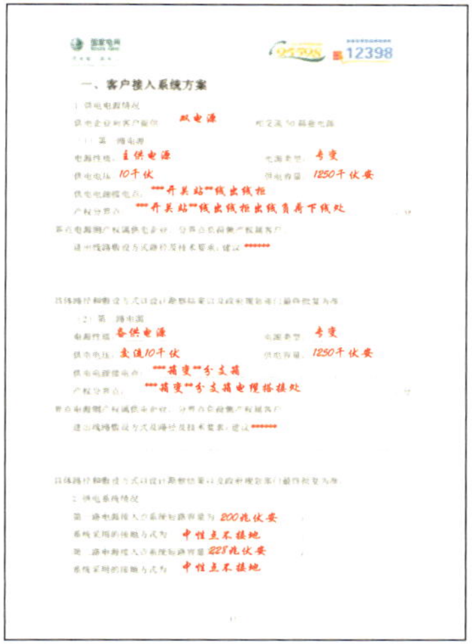
一、客户接入系统方案

双电源
主供电源 专变
10千伏 1250千伏安
开关站线出线柜
开关站线出线柜出线负荷下桩处
******
备供电源 专变
交流10千伏 1250千伏安
箱变分支箱
箱变分支箱电缆搭接处
******
200兆伏安
中性点不接地
228兆伏安
中性点不接地

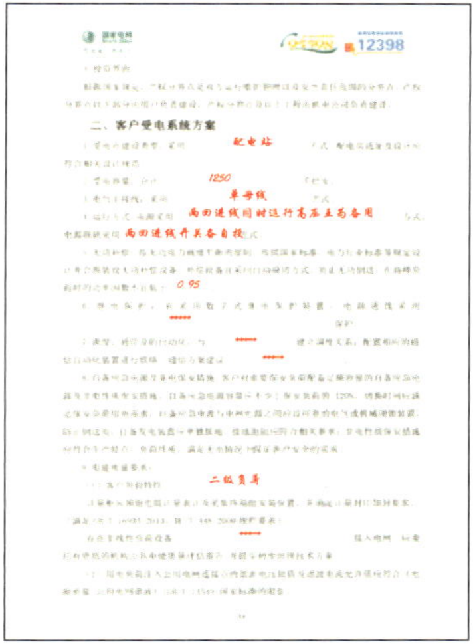
二、客户受电系统方案

配电站
1250
单母线
两回进线同时运行高压互为备用
两回进线开关备自投
0.95
二级负荷

《高压供电方案答复单》

（3）冲击性负荷产生的电压波动允许值，应符合《电能质量 电压波动和闪变》（GB/T12326）国家标准的限值。

10. 配电设备要求：

（1）进线设备情况：进线开关选用具有保护的负荷开关

（2）配变情况：油浸式变压器放于地上独立建筑内

（3）对主要设备及材料的选型应进行计算，含电能质量，安全载流量（含热稳定、动稳定校验）、机械强度（应力）应符合相关规程规范、导则的要求，安装的要求和参数的给定，设备材料选型应采用先进、实用、经济、合理产品；

（4）高压电气设备应取得国家认定机构出具的型式试验报告，低压电气设备应获得国家强制性产品认证证书(即 3C 证书)，提倡使用节能电气产品，严禁使用国家明令淘汰的电气产品。

三、计量方案

1. 计量点设置及计量方式：

计量点 1：计量装置装设在　用户配电房进线处　处，计量方式为　高供高计　，接线方式为　三相三线　，量电电压　交流10千伏

电压互感器变比为　10000/100、准确度等级为　0.5　；

电流互感器变比为　75/5　、准确度等级为　0.2S　。

计量点 2：计量装置装设在　——进线处　处，计量方式为　高供高计　，接线方式为　三相三线，量电电压　交流10千伏

电压互感器变比为　75/5　、准确度等级为　0.5　；

电流互感器变比为　10000/100、准确度等级为　0.2S　。

2. 用电信息采集终端安装方案：配装　电力负荷管理终端　2　台，终端装设于　——进线处　处，用于远程监控及电量数据采集。

四、计费方案

1. 电价为：政府主管部门批准的电价或进入电力市场后按照市场购电形成的电价。。

2. 功率因数考核标准：根据国家《功率因数调整电费办法》的规定，功率因数

整电费时，应将上述损耗电量计算在内。

执行政府主管部门批准的电价的，如发生电价和其他收费项目费率调整，按政府有关电价调整文件执行。

五、其他事项

（1）受电工程应根据供电方案答复单进行设计，客户委托的设计单位应取得建设部门颁发的相应级别的设计资质和其它必备的资质条件。设计完成后，普通客户自行或委托有相关资质的单位进行设计文件审核，审查合格后方可进行后续施工。如因设计文件不符合相关规定而引起的一切后果由客户自行承担。

（2）普通客户受电工程在电缆沟管、接地网等隐蔽工程覆盖前，应自行组织进行中间检查，检查标准应依据国家相关规范，如因中间检查不到位引起的一切后果由用户自行承担。

（3）客户可自主选择施工单位和设备材料供应单位，所委托的施工单位应取得电力监管机构颁发的相应级别的《承装(修、试)电力设施许可证》。

（4）客户受电工程竣工并自验收合格后，请携带竣工报验等相关资料及时到供电营业窗口办理竣工报验申请。

六、接线简图

（三）里程碑管理

1. 里程碑标准节点管理

工作内容

√ 记录和查询里程碑计划标准节点，管控业务流程标准节点。

√ 在录入营销系统后，同步拟定营销服务、配套工程、受电工程里程碑计划。

路径：【营销系统】>>【业扩流程提升】>>【里程碑计划标准节点】

❶在当前界面，填写查询条件，点击【查询】按钮，可以查询对应标准节点信息。

❷查询后，点击【新增】按钮，弹出对话框，在弹出的对话框中填写相关信息。

❸点击【确定】按钮，可以保存标准计划节点信息。

❹确定后，点击【修改】按钮，弹出对话框，在弹出的对话框中，修改相关信息后，点击【确定】按钮，可以修改标准节点信息。

❺确定后，点击【删除】按钮，可以删除标准节点信息。

2. 里程碑计划管理

路径：【营销系统】>>【业扩流程提升】>>【客户经理工作台】界面

❶点击【拟定里程碑计划】按钮，选择计划模板进行计划拟定。

❷确定后，进入里程碑计划编制界面，填写营销服务、配套工程、受电工程信息后提交里程碑计划。拟定里程碑计划提交之后，页面跳转到里程碑计划管理页面，可查看刚刚编制的里程碑计划。

注意事项

√ 里程碑计划管理页面无法进行计划审核，需在管控工作台页面进行计划审核。

四 配套工程管理

业扩配套工程指的是为满足客户用电需求，针对客户全部或部分投资建设的电力工程，配套工程管理包括工程的建项、计划管理、实施管理和跟踪落实等环节，是体现“阳光业扩”优质服务的重要环节。

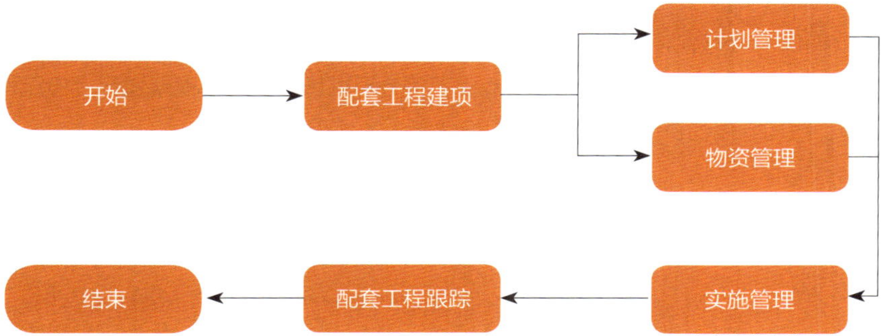

（一）配套工程建项

工作内容

√ 完成供电方案答复后接收营销系统推送的业扩配套工程信息。

√ 确认系统接受设计成果后根据《供电方案答复单》对设计成果进行审核。

√ 在供服系统进行关联子项（子项由ERP系统推送），完成配套工程建项。

注意事项

√ 若未收到营销端传送的设计成果或者设计成果不符合现场施工要求则重新发起上传流程，由设计人员上传施工图和甲供物资清单，市县公司配网专业人员审核。

操作流程

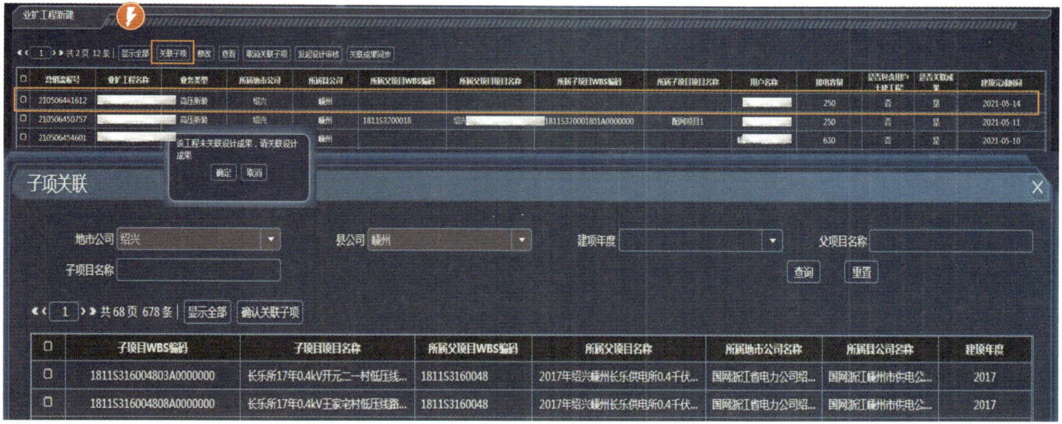

路径：【供服系统】>>【功能菜单】>>【业务处理】>>【业扩配套工程】>>【业扩工程新建】

❶选择一条工单，点击【关联子项】按钮，判断工单是否关联一体化App推送的设计成果，如系统没有自动关联，则需要先发起设计审核流程，如已关联设计成果的工单，将会打开【子项关联】页面。

（二）计划管理

工作内容

√ 市县公司配网专业根据客户意向接电时间，合理制定物资采购时限和施工计划。

√ 按实际需求发起外线审批流程。

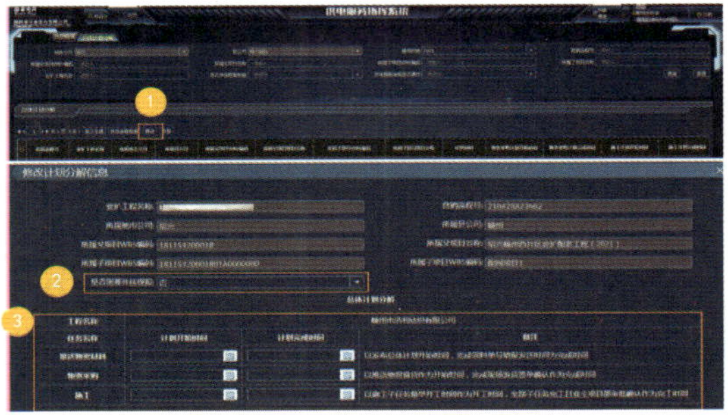

路径:【供服系统】>>【功能菜单】>>【业务处理】>>【业扩配套工程】>>【计划管理】>>【总体计划分解】

❶勾选计划信息点击【修改】，维护计划分解信息。

❷维护“是否需要外线提报”，发起“外线审批提报”流程。

❸维护推送物资材料、物资采购、施工计划时间。

注意事项

√ 建设路径需要相关政府部门审批同意的项目，发起外线审批流程。

（三）物资管理

工作内容

√ 关联子项后，市县公司配网专业在一个工作日内将物资需求计划提报物资专业，ERP自动完成材料挂接和领料单生成并将物资领料单推送至物资云平台。

√ 物资云平台收到领料单后，将业扩实物储备清单内的物资根据施工计划提前配送到指定地点，业扩实物储备清单外的物资按照最短周期制造或调配供应。

√ 物资配送信息实时推送至供服系统物资管理模块。

注意事项

√ 若物料推送信息填写不准确会导致推送失败。

操作流程

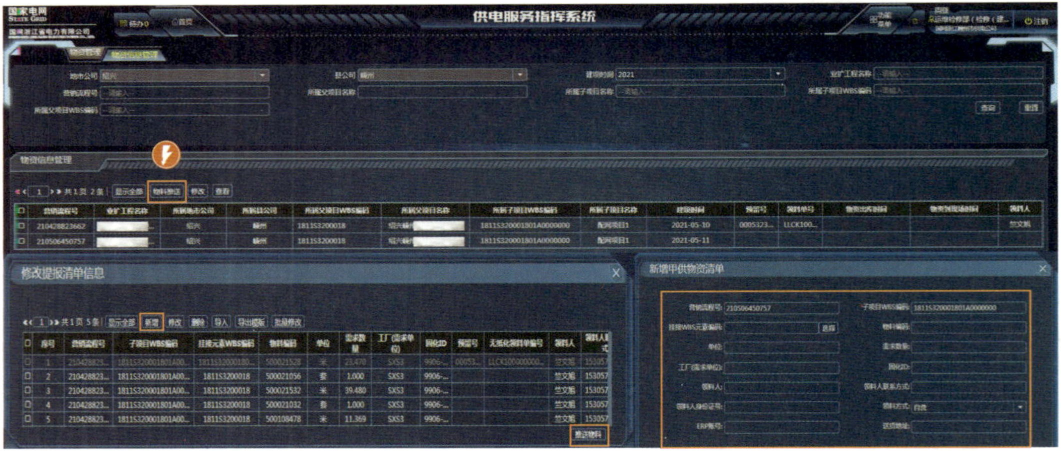

路径：【供服系统】>>【功能菜单】>>【业务处理】>>【业扩配套工程】>>【物资管理】>>【物资信息管理】

❶勾选物资信息点击【物料推送】，弹出提报清单录入界面，进行数据维护。数据维护完成之后，点击【推送物料】，推送到ERP系统。ERP系统完成材料挂接和领料单生成后，同时将物资领料单推送至物资云平台（智慧供应链平台）。物资云平台接收领料单备货供货到现场，并将物资配送信息推送给配网管控平台。

（四）实施管理

1. 开工管理

工作内容

√ 施工项目部编制施工方案，并开展施工交底。

√ 监理项目部根据施工方案编制监理规划。

√ 施工项目部编制开工报告并报审，监理项目部审批，业主项目部审批。

√ 在供服系统中完成开工管理操作。

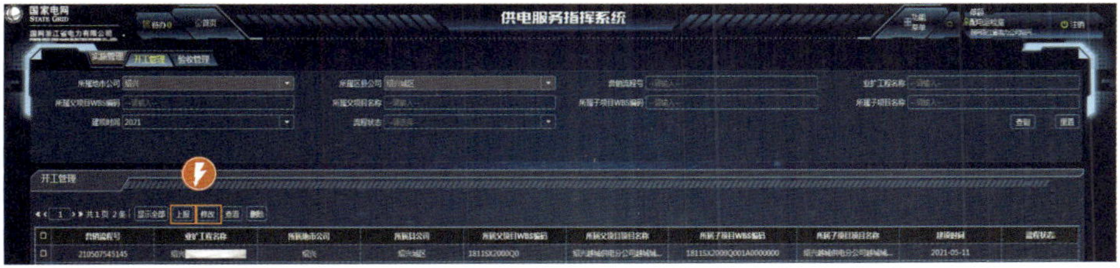

路径:【供服系统】>>【功能菜单】>>【业务处理】>>【业扩配套工程】>>【实施管理】>>【开工管理】

❶依次进行开工基本信息维护、开工报告详情维护、开工附件上传、开工基本信息核实、开工审批流程，审核完成后流程自动结束。

2. 现场实施

工作内容

√ 施工单位根据设计出具的施工图进行施工。

√ 监理单位按要求开展旁站、巡视、平行校验相关工作。

√ 业主项目部负责对工程进度、质量、安全进行把控，确保业扩配套项目如期完工且能满足施工工艺要求。

监理旁站

带电作业施工

配套工程中间验收

3. 验收管理

工作内容

√ 工程完工后，施工项目部开展三级自验收，出具三级自验收报告。

√ 自验收合格后报监理项目部开展监理初检，出具监理初检报告。

√ 初检合格后报业主项目部开展竣工验收，出具竣工验收报告，并签发投产通知书。

现场验收

三级自验收报告

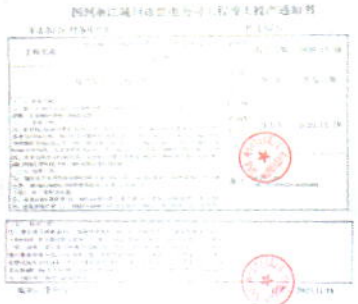

投产通知书

注意事项

√ 监理审核过程需要填写专业监理工程师的姓名与审核意见，否则会导致监理审批无法进行。

√ 平台需上传资料包括：施工单位三级自验收报告、监理初检报告、申请竣工验收报告、竣工验收报告、SAP入账清单、施工图、竣工图、投产通知书。

操作流程

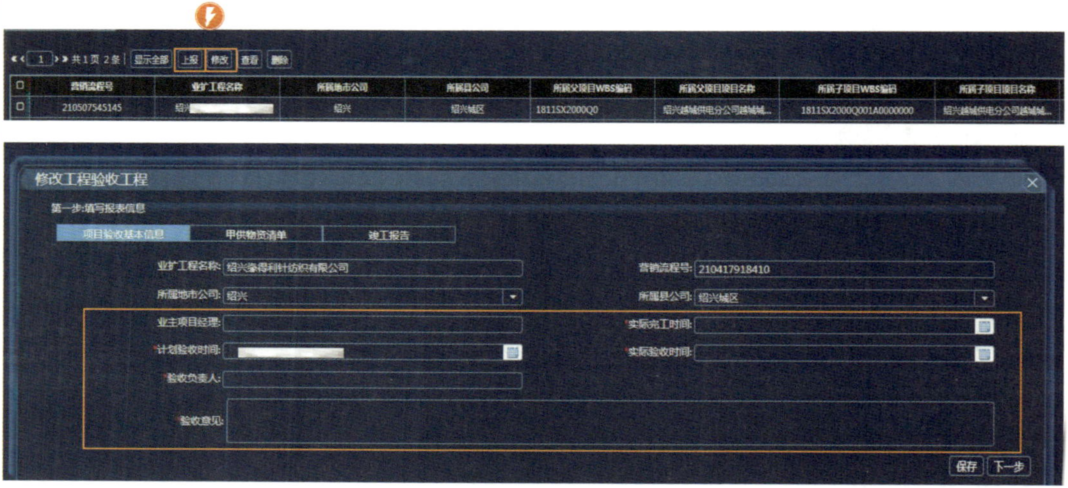

路径:【供服系统】>>【功能菜单】>>【业务处理】>>【业扩配套工程】>>【实施管理】>>【验收管理】

❶点击【修改】维护“验收基本信息”“甲供物资清单”“验收报告信息”保存后进行项目验收附件上传，所有验收信息维护完成后发起验收审批流程，点击【上报】。

（五）配套工程跟踪

工作内容

√ 对于有配套工程的流程，可于“配套工程跟踪”环节查看配套工程的相关进度。当配套工程均已完成可进行流程归档。

配套工程跟踪

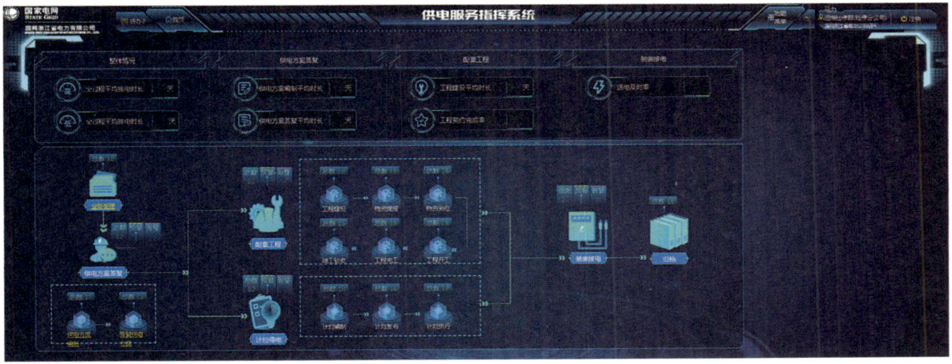

五 设计文件审核

根据国家标准及供电方案确定客户受电工程设计文件是否符合标准，包括受理、审核出具《客户受电工程设计文件审核意见单》、完成设计文件存档等内容。

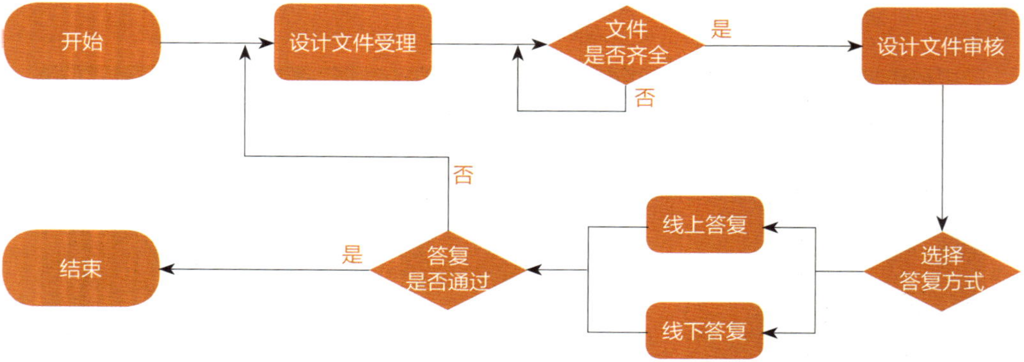

注：根据《进一步精简业扩手续、提高办电效率的工作意见》（国网〔2015〕70号文件），取消普通客户设计审查和中间检查，实行设计单位资质、施工图纸与竣工资料合并报验。

（一）设计文件受理

工作内容

√ 客户可通过办电e助手线上提交设计相关资料。

√ 审核报送资料并查验设计单位资质。

√ 在营销系统中录入送审单及相关信息，将文件资料移交至图纸审核人员。

高压客户受电工程设计图纸送审资料清单

√ 用电工程设计及说明书

√ 设计单位资质证明材料

注意事项

√ 送审文件应至少提供一式两份。

√ 对于资料欠缺或不完整的，应告知客户需要补充完善的相关资料。

客户受电工程中间检查报验单

①客户基本信息填写齐全。

客户受电工程中间检查报验单

客户基本信息			
户　号	17*********	流程编号	
户　名	绍兴市阳光有限公司		
用电地址	绍兴市稽山街道*******路***号		
联系人	张三	联系电话	0575-8*******
报验信息			
有关说明： 已验收合格，请批准			
意向接电时间	年　月　日		
我户受电工程相关土建已于 2021 年 7 月 31 日竣工，请予检查。 客户签名：张三 2021 年 7 月 31 日			
供电企业	受理人：韩梅梅	供电企业（盖章）：	

②意向接电时间及有关说明，按照客户实际情况及需求填写，经办人签字并加盖公章。

③供电单位受理人签字盖章并录入系统，受理日期与系统日期一致。

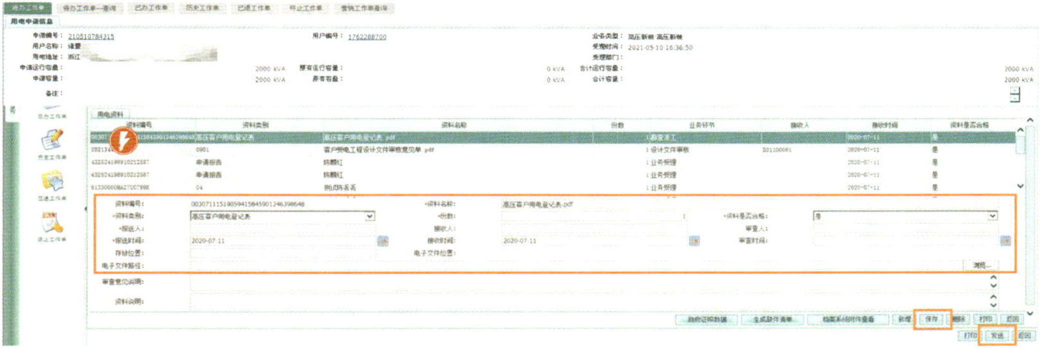

路径:【营销系统】>>【工作任务】>>【待办工作单】>>【高压新装】>>【设计文件受理】

❶维护受理信息，点击【保存】【发送】，则流程成功发送。

（二）设计文件审核

1. 发起联合审核任务

工作内容

√ 客户收到提醒录入设计施工的消息，并推送给客户经理、设计施工负责人。若客户在线下渠道申请设计文件审核，客户经理在营销系统发起设计文件联合审核。

√ 审核人员收到消息进行审核。

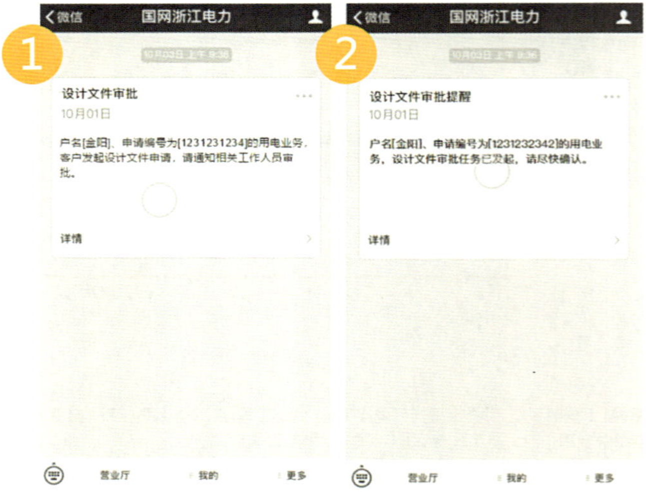

❶客户经理收到客户申请设计文件审核的通知。
❷客户经理建立协同审核任务后，协同人员收到协同审核通知。

2. 资料审核

设计资质等级说明			
等级资质类型	丙	乙	甲
综合（甲级）	可以承接所有类别工程		
建筑工程	相应工程红线范围内变配电设计		
电力行业（送、变电工程）	110千伏及以下送、变电工程	220千伏及以下送、变电工程	220千伏及以上送、变电工程

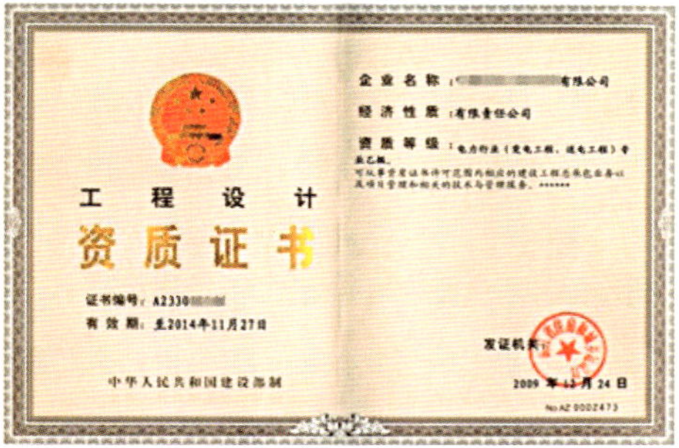

工程设计资质证书

工作内容

√ 审核设计文件及相关资料的完整性。

√ 审核设计单位资质应符合规定。

√ 核查设计依据、设计说明应与供电方案、相关的设计规程相符。

注意事项

√ 设计单位应取得建设部门颁发的相应级别的设计资质。

√ 如设计单位无相应的设计资质，应通知客户重新选择设计单位。

3. 电气一次主接线

工作内容

√ 电气主接线形式应符合供电方案要求。

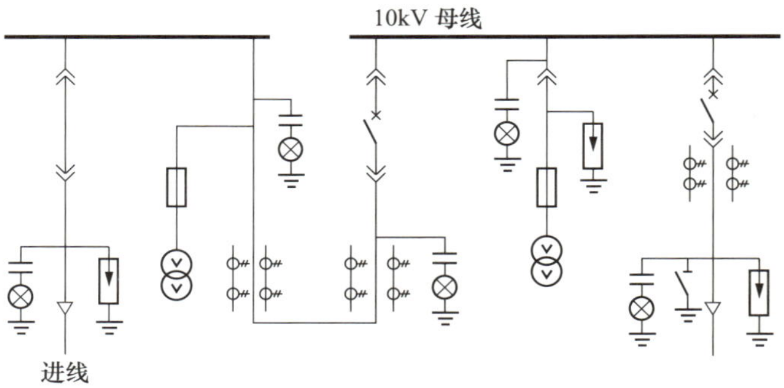

单母线

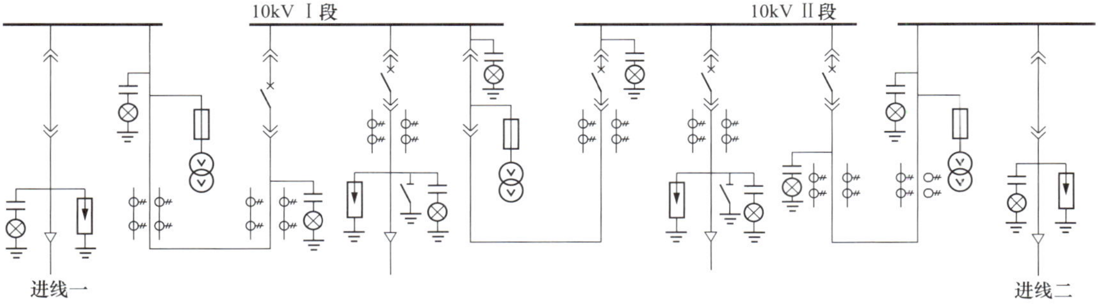

单母线分段

工作内容

√ 审核电气主接线进线方式应符合供电方案要求。

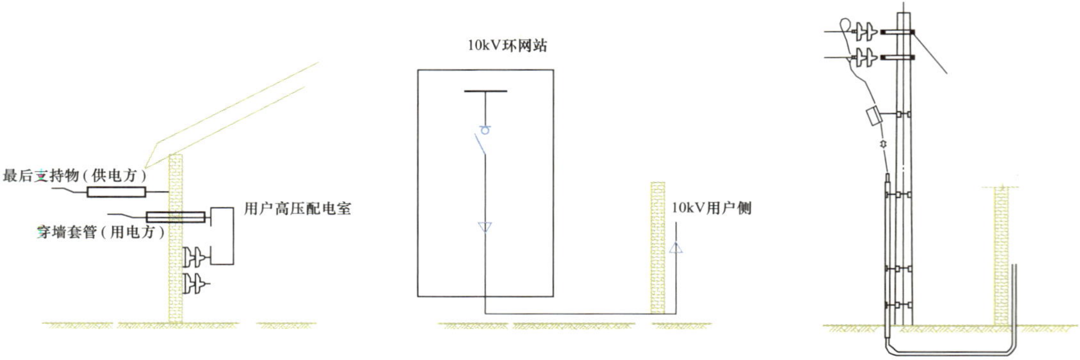

a. 穿墙套管引入　　b. 环网电缆引入　　c. 杆上电缆引入

电气主接线进线方式

工作内容

√ 断路器、刀闸、避雷器、互感器等设备选型应符合客户用电需求和设计规范要求。

10千伏主要设备参数			
设备名称		型式及主要参数	柜体类型
10千伏开关柜	断路器	12千伏，630(1250)安，25（31.5）千安	进线
		12千伏，630(1250)安，25（31.5）千安	分段
		12千伏，630安，25（31.5）千安	出线、电容
	接地开关	12千伏，25千安/4秒	出线、电容
	熔断器	0.5安，25千安	母线设备
	避雷器	17千伏，5千安雷电冲击残压不大于45千伏	母线设备
	互感器	进线回路：XXX/5A；出线回路：XXX/5A	进线、出线

工作内容

√ 进出线电缆、母线的截面积应满足电网安全及客户用电的要求。

10千伏交联聚乙烯铜铠护套电缆载流量对照表（参考）

敷设方式 电缆导体截面积（毫米^2）	空气中（安）（环境温度40摄氏度）	土壤中（安）（环境温度25摄氏度）
25	100	90
35	123	105
50	141	120
70	173	152
95	214	182
120	246	205
150	278	219
185	320	247
240	373	292
300	428	328
400	501	374
500	574	424

母线铜排载流量对照（参考）

额定电流（安）	铜排规格（单片毫米）
550	40×4、30×5、20×10
615	50×3、40×5、30×6、25×8
755	60×3、50×5、40×6、30×10
840	60×4、50×6、40×8、25×16
900	80×3、60×5
990	60×6、50×8、40×10、30×16
1160	80×4、60×8、50×10、40×16
1300	100×4、80×6、60×10、50×12
1490	100×5、80×8、60×12、50×16
1590	100×6
1670	80×10、60×16
1830	120×6、100×8、80×12
2030	100×10
2110	120×8、100×12、80×16
额定电流（安）	铜排规格（双片毫米）
1530	60×6
2300	80×8
2730	80×10
2690	100×8
3180	100×10
3610	120×10

工作内容

√ 电气成套装置应具有完善的“五防”联锁功能，并配置带电或故障指示器。

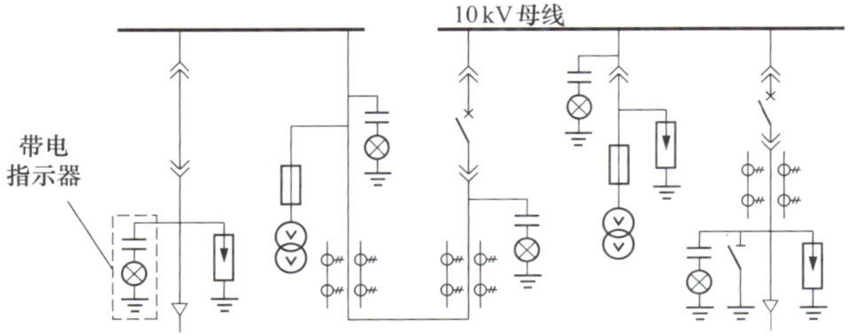

一次接线图

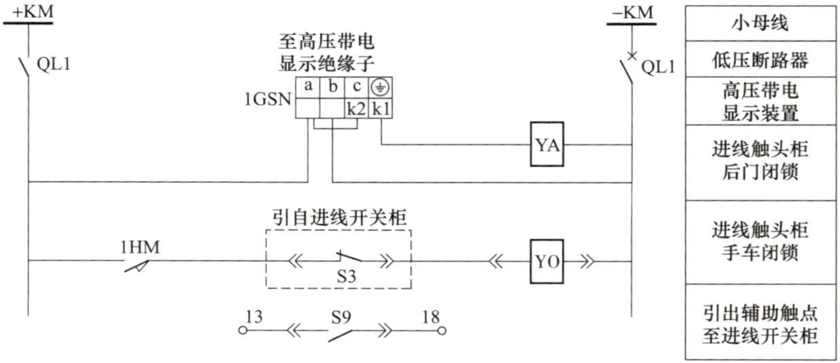

+KM
QL1
至高压带电
显示绝缘子
1GSN
a
b
c
k2
k1
YA
-KM
QL1
引自进线开关柜
1HM
S3
YO
13
S9
18
小母线
低压断路器
高压带电
显示装置
进线触头柜
后门闭锁
进线触头柜
手车闭锁
引出辅助触点
至进线开关柜

进线触头柜二次原理图

工作内容

√ 多电源之间应正确装设切换装置和可靠的联锁装置，不允许出现高压侧合环运行的方式。

√ 自备电源与电网电源之间应装设可靠的电气或机械闭锁装置，且闭锁逻辑关系正确（先断后通），防止倒送电，自备应急电源配置容量应至少满足全部保安负荷正常供电的需要。

√ 对于重要电力用户，自备应急电源及非电性质保安措施还应满足有关规程、规定的要求。

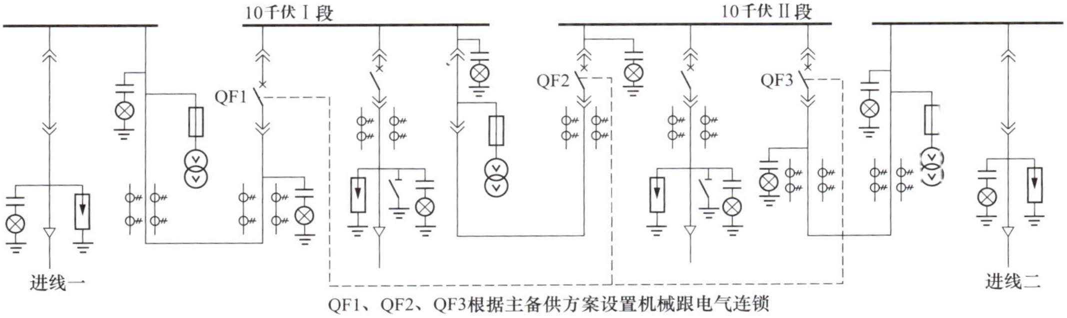

双电源连锁方式

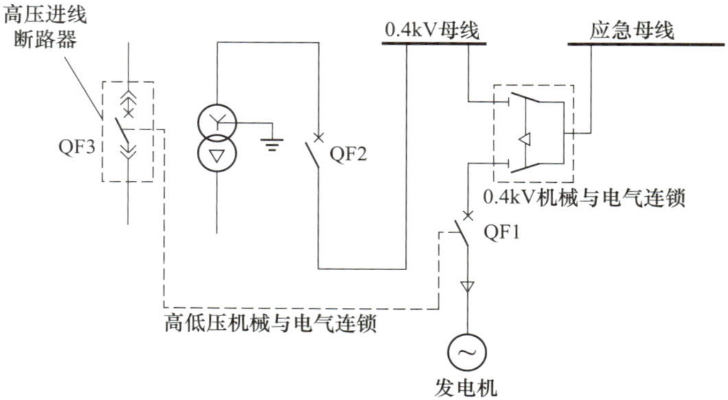
高压进线
断路器
QF3
QF2
0.4kV母线
应急母线
0.4kV机械与电气连锁
QF1
高低压机械与电气连锁
发电机

自备电源连锁方式

工作内容

√ 变压器的型号、容量、接线组别应符合供电方案要求，多台变压器的参数配置应符合并列运行需要。

变压器接线组别、型号以及多台并列运行必备条件	
变压器的接线组别	一般选用Dyn11型（抑制三次谐波）
变压器的型号	应选用节能型系列产品
多台变压器并列运行必备条件	（1）接线组别相同
	（2）电压变比相同（不大于0.5%）
	（3）变压器短路阻抗相近（不大于10%）

4. 继电保护及二次回路

工作内容

√ 继电保护类型、配置应符合供电可靠性、选择性、灵敏性、速动性的要求。
√ 二次保护回路应正确。
√ 继电保护的电源配置应符合设计规范。
√ 电气闭锁回路应符合要求，操作电源的设计应满足要求。

电气设备保护配置标准

保护配置标准（GB 50062—2008）	保护对象
纵差保护（按需要） 定时限过电流多段式保护 反时限保护	线路保护
热熔保护（高压熔断器保护） 瓦斯保护 温度保护 变压器差动保护（按需要）	变压器保护
高压电动机差动保护（按需要） 低电压保护 过电压保护 过负荷保护	高压电动机保护

继电保护及二次回路审核内容

主要检查项	CT回路是否有开路可能或并联
	PT回路是否有短路可能或串联
	二次侧交流回路是否可靠接地
	回路编号是否符合要求
	控制保护元件电压是否与二次操作电源电压对应
	控制电缆交直流是否混用
	信号回路是否符合规范要求
	防跳回路设计是否正确

继电保护定值单						
用户名称	xxxxxx有限公司					
线路名称						
保护 类型设备	定时限过电流保护		电流速断保护		继电器类型	CT变比
	定值（A）	时限（S）	定值（A）	时限（S）		
G2 进线总柜1						
G5 1#变压器柜						
G6 联络柜						
G8 2#变压器柜						
G11 进线总柜2						
备注：变压器设置温度保护，高温保护作用于信号，超温保护作用于跳闸。						
说明：一、定值试验时请核对CT变比 二、定值仅供参考						

5. 电能计量装置

工作内容

√ 计量点的设置、计量方式、接线方式、互感器的精度及变比应符合供电方案要求。

√ 计量装置二次回路应正确。

√ 计量柜、计量屏应能满足电能表安装的要求。

6. 电能质量及无功补偿

工作内容

√ 无功补偿装置的类型、补偿方式、补偿容量应满足要求:

- ❑ 并联电容器装置的容量和分组应根据就地补偿、便于调整电压及不发生谐振的原则进行配置。
- ❑ 无功补偿装置宜采用成套装置，并应装设在变压器低压侧。

√ 治理措施应满足电能质量评估报告所列要求:

- ❑ 对于注入电网谐波超标的客户，应审核谐波负序治理装置及预留空间。
- ❑ 对于带有冲击负荷、波动负荷、非对称负荷超标的客户，应核查相应的治理设计。

7. 电气平面布置图

工作内容

√ 变（配）电室及电气设备的平面布置应便于进、出线。

√ 电气安全距离、维护通道距离、检修间隔距离、安全通道及管线布置应符合设计规范和实际需要。

√ 变压器、配电柜等电气设备基础应符合设计规范要求，并与电气设备尺寸配套。

√ 变（配）电室的防火、防水、防雨雪冻害、防小动物、采暖通风、采光、照明、排水设施等应符合设计规范和实际要求。

√ 电缆沟（井）的宽度、深度、电缆支架应符合设计规范要求，电缆管道截面与电缆截面相匹配。

√ 配电室、变压器室等的接地设计，接地极和接地扁铁截面积、接地网的布置应符合国家标准和电力行业标准、设计规范的要求。

√ 变电所的过电压保护，建筑防雷接地网的设置应符合国家标准和电力行业标准。

工作内容

√ 低压配电室内成排布置的配电屏，其屏前、屏后的通道最小宽度，应符合下表的规定。

形式	布置方式	屏前通道（毫米）	屏后通道（毫米）
固定式	单排布置	1500	1000
	双排面对面布置	2000	1000
	双排背对背布置	1500	1500
抽屉式	单排布置	1800	1000
	双排面对面布置	2300	1000
	双排背对背布置	1800	1000

注意事项

√ 当建筑物墙面遇有柱类局部凸出时，凸出部位的通道宽度可减少200毫米。

工作内容

√ 配电装置的长度大于6米时，其柜（屏）后通道应设两个出口，低压配电装置两个出口，低压配电装置两个出口的距离超过15米时，尚应增加出口。

√ 高压配电室内各种通道最小宽度（毫米），应符合下表的规定。

开关柜布置方式	柜后维护通道（毫米）	柜前操作通道（毫米）	
		固定式	手车式
单排布置	800	1500	单车长度+1200
双排面对面布置	800	2000	双车长度+900
双排背对背布置	1000	1500	单车长度+1200

注意事项

√ 固定式开关柜为靠墙布置时，柜后与墙净距应大于50毫米，侧面与墙净距应大于200毫米。

√ 通道宽度在建筑物的墙面遇有柱类局部凸出时，凸出部位的通道宽度可减少200毫米。

工作内容

√ 可燃油油浸变压器外廓与变压器室墙壁和门的最小净距（毫米），应符合下表的规定。

变压器容量	100～1000千伏安（毫米）	1250千伏安及以上（毫米）
变压器外廓与后壁、侧壁净距	600	800
变压器外廓与门净距	800	1000

设计文件审核参考标准

√ GB 50016—2014《建筑设计防火规范》

√ GB 50052—2009《供配电系统设计规范》

√ GB 50053—2013《20kV及以下变电所设计规范》

√ GB 50054—2011《低压配电设计规范》

设计文件审核参考标准

√ GB 50055—2011《通用用电设备配电设计规范》
√ GB 50057—2010《建筑物防雷设计规范》
√ GB 50059—2011《35～110kV变电所设计规范》
√ GB 50060—2008《3～110kV高压配电装置》
√ GB 50062—2008《电力装置的继电保护和自动装置设计规范》
√ GB/T 50063—2008《电力装置的电测量仪表装置设计规范》
√ GB 50217—2018《电力工程电缆设计规范》
√ GB/T 50064—2014《交流电气装置的过电压保护和绝缘配合设计规范》
√ GB/T 50065—2011《交流电气装置的接地设计规范》
√ GB/T 12325—2008《电能质量　供电电压偏差》
√ GB/T 12326—2008《电能质量　电压波动和闪变》
√ GB/T 14549—1993《电能质量　公用电网谐波》
√ GB/T 15543—2008《电能质量　三相电压不平衡》
√ GB 50061—2010《66kV及以下架空电力线路设计规范》

操作流程

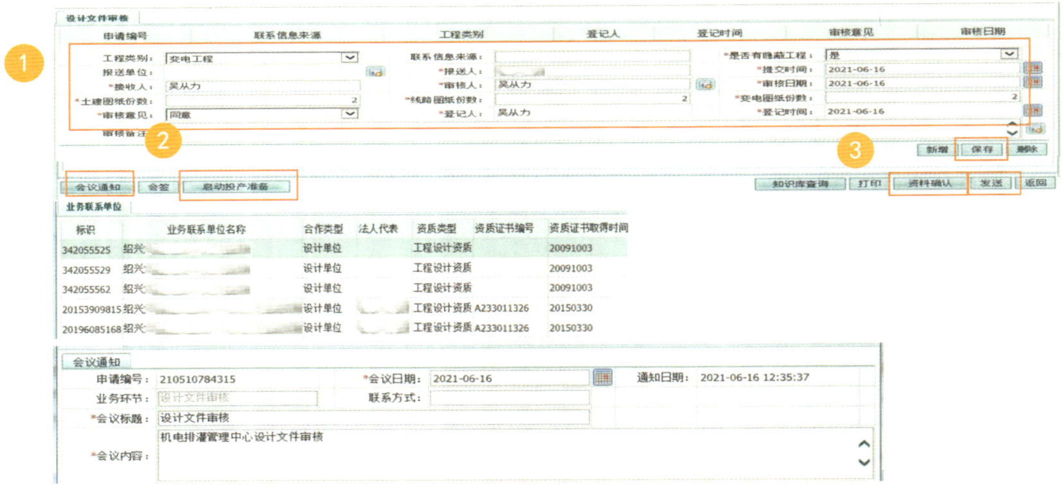

路径：【营销系统】>>【工作任务】>>【待办工作单】>>【高压新装】>>【设计文件审核】

❶维护审核，点击【保存】。

❷点击【会议通知】，添加协同人员，待协同人员反馈后，点击【发送】，则流程成功发送。

❸点击【资料确认】，推送意见给网上国网App。

（三）答复审核意见

工作内容

√ 在营销系统中录入审核意见，打印《客户受电工程设计文件审核意见单》，将流程发送至下一环节。

√ 在审核通过的设计文件上每页加盖图纸审核章。

√ 将审核意见单及其中一份设计文件，送交营业窗口答复。

√ 将审核意见单及另一套设计文件移交归档。

√ 客户经理也可通过办电e助手对客户审核意见进行批复。客户通过办电e助手对设计审核意见进行确认。

注意事项

√ 出具审图意见用词须规范明了，并由专人审核，加盖专用章。

√ 因客户原因需要变更设计的，应填写《客户受电工程变更设计申请联系单》，将变更后的设计图纸文件再次送审，通过审核后方可实施。

√ 应向客户一次性告知审核意见。

客户受电工程设计文件审核意见单

①按照国家和行业标准对客户送审的受电工程设计图和有关资料进行审核，填写审核意见。
②盖营业业务专用章。

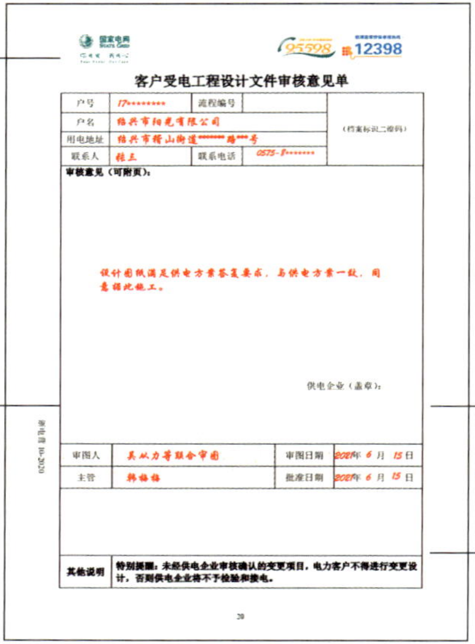

客户受电工程设计文件审核意见单

户号	17********	流程编号		（档案标识二维码）
户名	绍兴市阳光有限公司			
用电地址	绍兴市稽山街道******路***号			
联系人	张三	联系电话	0575-8*******	

审核意见（可附页）：

设计图纸满足供电方案答复要求，与供电方案一致，同意据此施工。

供电企业（盖章）：

审图人	吴从力等联合审图	审图日期	2021年 6 月 15 日
主管	韩梅梅	批准日期	2021年 6 月 15 日
其他说明	特别提醒：未经供电企业审核确认的变更项目，电力客户不得进行变更设计，否则供电企业将不予检验和接电。		

③填写审图人及审图日期，并经主管签字认可。
④客户签字。
⑤填写日期必须与系统日期相符不得涂改。
⑥审核时限应符合要求不得超期。

六 中间检查

中间检查是在客户提出受电工程中间检查报验申请后，由各级协同人员根据《供电方案答复单》以及审查通过的设计文件对客户的受电工程进行检查，以保证受电工程符合要求的过程。

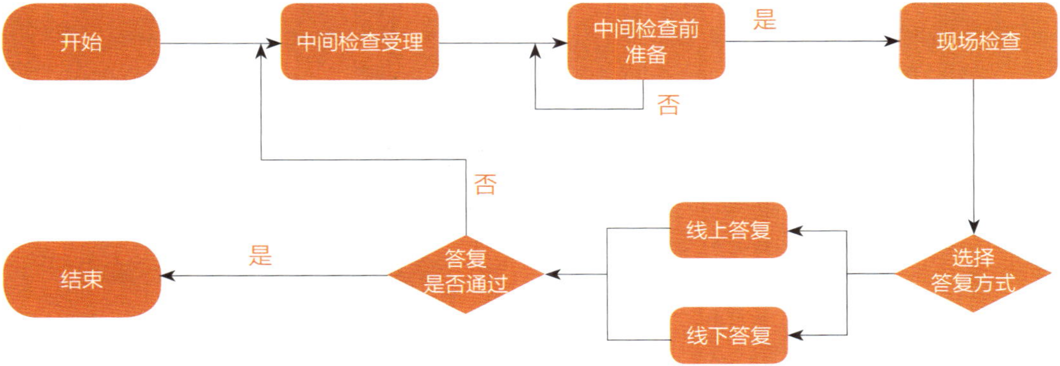

注：根据《进一步精简业扩手续、提高办电效率的工作意见》（国网 2015〔70〕号文件），取消普通客户中间检查。

（一）中间检查受理

工作内容

√ 受理人员根据客户通过办电e助手或营业厅窗口提出的中间检查报验申请完成中间检查受理环节。

√ 审核报验资料是否齐全、正确。

- ❑ 施工试验单位资质证书：查验施工单位是否有承装（修、试）电力设施许可证。
- ❑ 中间检查工程资料：隐蔽工程施工记录和其他施工记录是否齐全，试验结果是否合格。

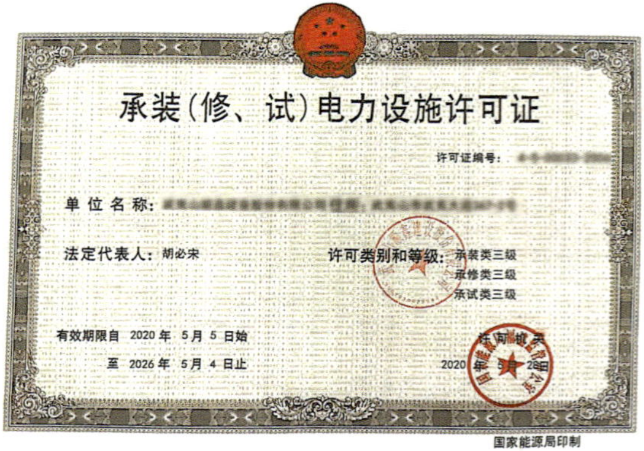
承装(修、试)电力设施许可证

许可证编号：

单位名称：

法定代表人：胡必宋

许可类别和等级：承装类三级
承修类三级
承试类三级

有效期限自 2020 年 5月 5 日始
至 2026 年 5月 4 日止

许可机关
2020 年 5月 28日

国家能源局印制

承装（修、试）电力设施许可证

客户受电工程中间检查报验单（示例）

客户受电工程中间检查报验单

客 户 基 本 信 息			
户号	17*********	流程编号	
户名	绍兴市阳光有限公司		
用电地址	绍兴市稽山街道*******路***号		
联系人	张三	联系电话	0575-8*******
报 验 信 息			
有关说明： 已验收合格，请批准			
意向接电时间	年 月 日		
我户受电工程相关土建已于 2021 年 7 月 31 日竣工，请予检查。 客户签名：张三 2021年 7 月 31 日			
供电企业	受理人：韩梅梅	供电企业（盖章）：	

①客户基本信息填写齐全。

②意向接电时间及有关说明，按照客户实际情况及需求填写，经办人签字并加盖公章。

③供电单位受理人签字盖章并录入系统，受理日期与系统日期一致。

操作流程

路径：【营销系统】>>【工作任务】>>【待办工作单】>>【高压新装】>>【中间检查受理】

❶维护受理信息，点击【保存】【发送】，则流程成功发送。

（二）中间检查前准备

工作内容

√ 中间检查受理后进行派工，参考现场勘查的派工流程。

√ 现场检查前，应提前与客户预约时间，告知检查项目和应配合的工作。

√ 根据资料内容，打印《客户受电工程中间检查意见单》，准备现场检验。

√ 检查前应准备相应的工器具：接地电阻测试仪、水平尺、游标卡尺、测距仪、照明工具、手持作业终端等。

游标卡尺

测距仪

水平尺

照明工具

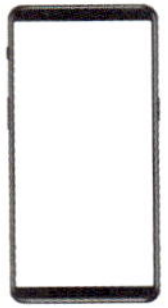

手持作业终端

客户受电工程中间检查意见单（示例）

①客户基本信息填写齐全。

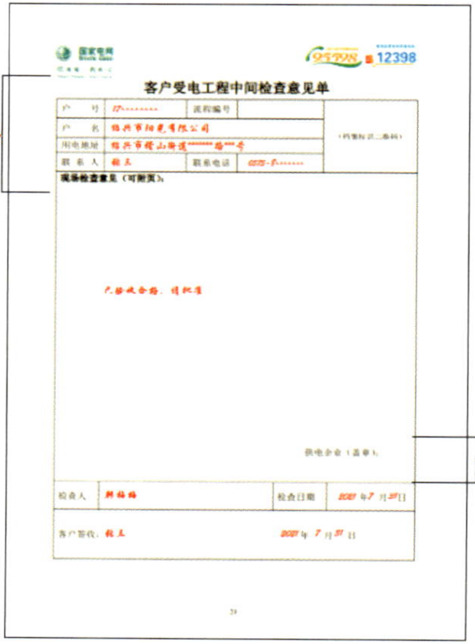

客户受电工程中间检查意见单

户　号	17********	流程编号		（档案标识二维码）
户　名	绍兴市阳光有限公司			
用电地址	绍兴市稽山街道******路***号			
联系人		联系电话	0575-8*******	

现场检查意见（可附页）：

供电企业（盖章）：

检查人		检查日期	年　月　日

客户签收：　　　　年　月　日

②供电单位受理人签字盖章并录入系统，受理日期与系统日期一致。

新建中间检查联合任务

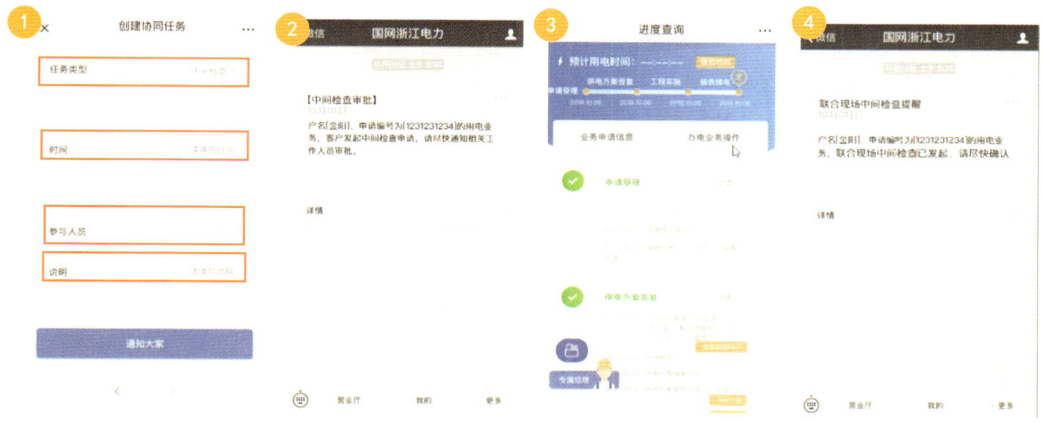

路径:【办电e助手】>>【我的项目】>>【协同任务页】

❶新建中间检查联合任务，选择任务类型、时间、参与人员及问题说明。

❷客户经理发起联合任务后，推送消息提醒对应的参与员工。

❸员工可点击消息选择参加或不参加，不参加可输入原因。

❹除客户经理外参与人员确认现场任务后，推送消息都会提醒客户经理相关人员确认情况。

（三）现场检查

工作内容

√ 对于有隐蔽工程的项目，应在隐蔽工程封闭或掩盖前进行检查，合格后方能封闭。

√ 中间检查工作至少两人共同进行。

√ 要求客户方或施工方进行现场安全交底，做好相关安全技术措施,确认工作范围内的设备已停电、安全措施符合现场工作需要，明确设备带电与不带电部位、施工电源供电区域，不得随意触碰、操作现场设备，防止触电伤害。

1. 管沟、支架

检查关键点

√ 电缆支架应平直，无扭曲变形，焊接牢固，层间允许最小距离符合规定。

√ 电缆管的质量、内径、弯曲半径、直埋深度等应符合规定。

√ 电缆敷设区域、通道、排列、标志牌等应符合要求。

√ 电缆沟支架表面情况、承载能力、防水防火金属构件的接地、支架设置间距应符合设计要求，电缆沟内应无杂物，盖板齐全。

电缆沟

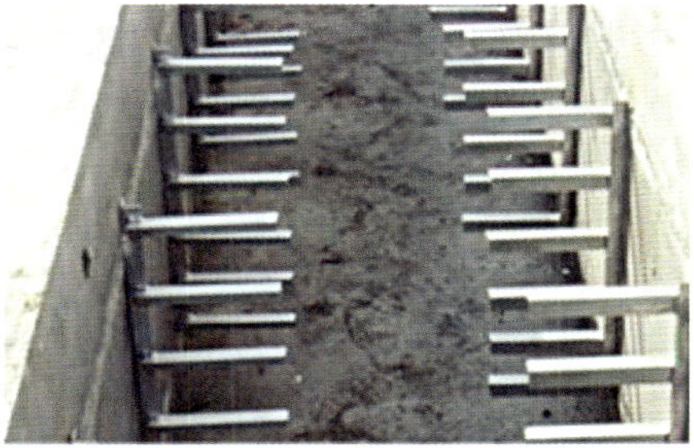

电缆沟支架

2. 接地防雷装置

检查关键点

√ 人工接地网的外缘应闭合，外缘各角应成圆弧形；接地网内应敷设水平均压带。

√ 接地装置应采用热镀锌钢材，水平敷设的可采用圆钢和扁钢，垂直敷设的可采用角钢和钢管。

√ 接地体顶面埋设深度、间距应符合设计规定。

√ 接地干线应在不同的两点及以上与接地网相连接，电气装置应以单独的接地线与接地汇流排或接地干相连接，严禁一个接地线串接多个电气装置。

√ 金属构件、金属管道等作为接地线，连接处应保证有可靠的电气连接。

√ 接地体（线）连接应采用焊接，焊接必须牢固无虚焊，接至电气设备上的接地线应用镀锌螺栓连接。

√ 接地装置的埋深、间距、防腐措施、焊接工艺、选用规格、接地标志等是否符合要求。

√ 测量接地电阻是否符合要求。

接地网

防雷网

3. 基础槽钢

检查关键点

√ 基础埋件及预留孔洞应与设计文件一致。

√ 高、低压开关柜的基础槽钢应符合设计要求。

√ 变压器基础应满足载荷、防震、底部通风等要求。

√ 基础槽钢应可靠接地。

干式变压器槽钢

变压器基础

4. 安全距离和高度

检查关键点

√ 基础位置离墙或其他建筑的安全间距、设备基础高度是否符合要求，是否和图纸对应。

安全间距

基础高度

5. 其他现场检查内容

检查关键点

√ 变压器室、电容器室、配电室、控制室和值班室、相关管道和线路、有人值班的独立变电所等的门窗和排风装置是否符合规定。

√ 防火装置、防火距离和防火墙是否符合要求。

门

窗

排风装置

防火设施

（四）检查结果处理

工作内容

√ 根据检查结果答复客户，参考设计文件审核的答复审核意见。

√ 现场作业结束后，作业人员应填写《客户受电工程中间检查意见单》，对于检查中发现问题的，应一次性告知客户，并详细阐述整改意见，请客户签字确认，一式两份，一份当场答复客户，一份移交归档。

√ 线上可以通过网上国网App办电e助手将中间检查结果推送给客户。

√ 跟踪客户工程缺陷整改进度，并记录整改情况，直至验收合格。

检查关键点

√ 中间检查书面记录应完整翔实，参与检查的人员和客户负责人需签字。

√ 客户应对中间检查过程中发现的缺陷进行整改，供电企业应予以指导，缺陷未整改前，不允许开展后续施工。

√ 对未实施中间检查的隐蔽工程，应书面向客户提出返工要求。

操作流程

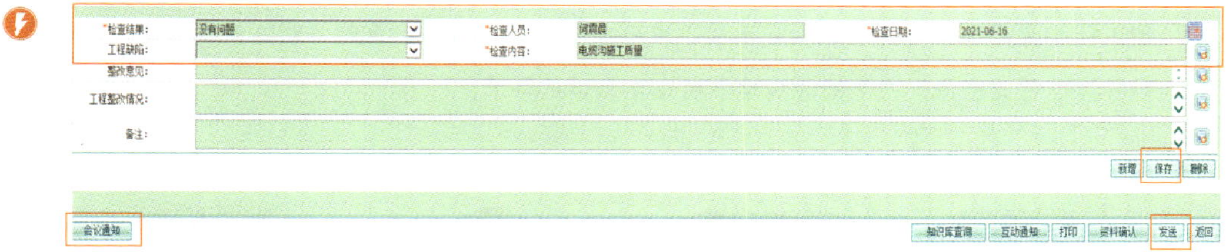

路径:【营销系统】>>【工作任务】>>【待办工作单】>>【高压新装】>>【中间检查】

❶维护审核信息，点击【会议通知】，协同人员反馈后，点击【发送】则流程成功发送。点击【资料确认】，推送意见给网上国网App。

七 验收送电

（一）竣工检验

竣工检验是受理客户的竣工检验申请，审核报验资料是否齐全有效，对客户受电装置进行综合检验并提出整改意见，直至验收合格具备接电条件的环节。

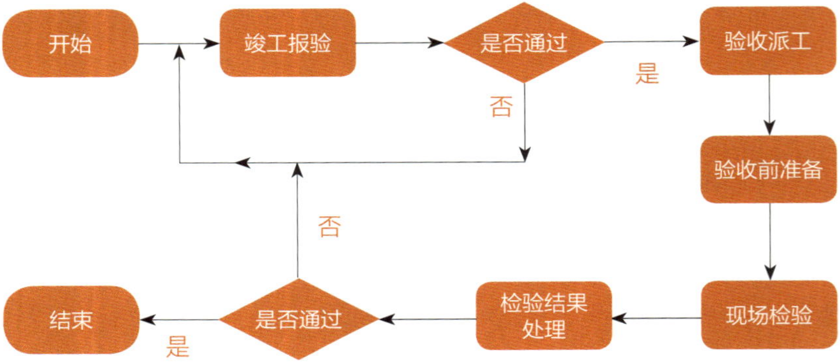

1. 竣工报验

工作内容

√ 受理竣工报验申请。

√ 审核竣工报验资料的有效性和完整性。

注意事项

√ 客户应在《客户受电工程竣工报验单》上填写受电工程竣工时间、意向接电时间，并提交工程竣工报告（含竣工图纸）。

√ 客户可通过线下供电营业厅或网上国网App及办电e助手完成竣工报验以及相关资料文件的提交。

序号	资料名称	备注
1	《客户受电工程竣工报验单》	必备
2	施工单位的资质证明：承装（修、试）电力业务许可证	若设计文件审核环节、中间检查环节已提供，无需再次提供
3	设计单位的资质证书	
4	竣工报告：包括工程竣工图纸及说明、电气试验及保护整定调试记录、高压设备型式试验报告、低压设备的国家强制性产品认证证书（3C证书）、施工单位出具的竣工图及说明、电气试验报告及保护整定调试记录	其他不做必备项，若客户提供装订成册的资料，多提供的资料不做限制

客户受电工程竣工报验单

国家电网 STATE GRID　95598　12398

客户受电工程竣工报验单

客 户 基 本 信 息			
户　号	1704090963	流程编号	210608478309
户　名	[illegible]有限公司		
用电地址	[illegible]		
联 系 人	[illegible]	联系电话	138xxxxxxx
施 工 单 位 信 息			
施工单位	[illegible]	施工资质	承装（修、试）一级
联 系 人	王五	联系电话	0575-xxxxxx
报 验 信 息			
有关说明：已完成施工，请验收			
意向接电时间	2021年 7 月31 日		

我户受电工程已于 2021 年 7 月 25 日竣工，请予检查。

特别说明：

1.符合大工业用电容量的商业客户是否选择执行大工业用电分时电价：　**是□　否□**

2.大工业用电容（需）量电价计收方式：

按变压器容量□　按实际最大需量□　按合约最大需量□

3.大工业用电分时电价选定后在12个月之内应保持不变；容（需）量电价选定后在3个月之内应保持不变。（如选择**合约**最大需量，请填写《业务联系单》，填报需量申请值）

客户签名：张三

2021 年 7 月 25 日

①客户基本信息填写齐全，写明实际竣工时间。

②施工单位资质与相应资质证书上的等级一致。

③写明意向接电时间；客户签名；供电单位受理人填写受理日期。

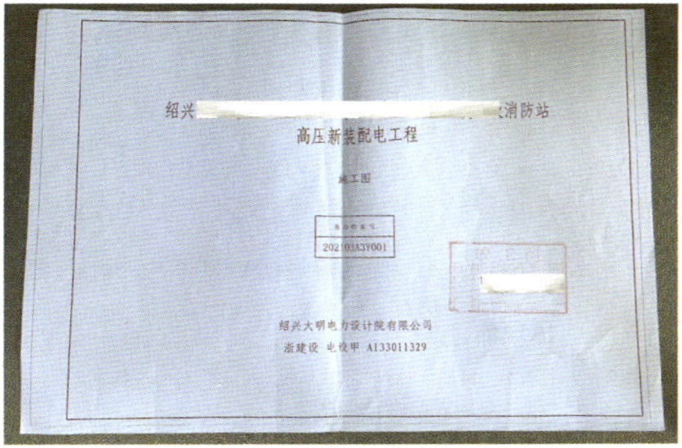

竣工图封面

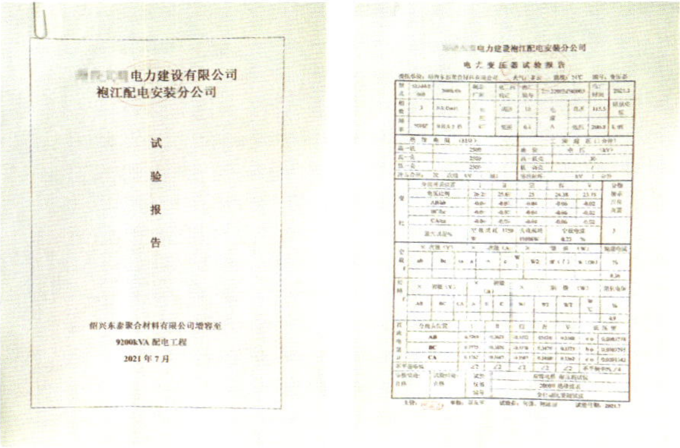

电气试验报告

操作流程

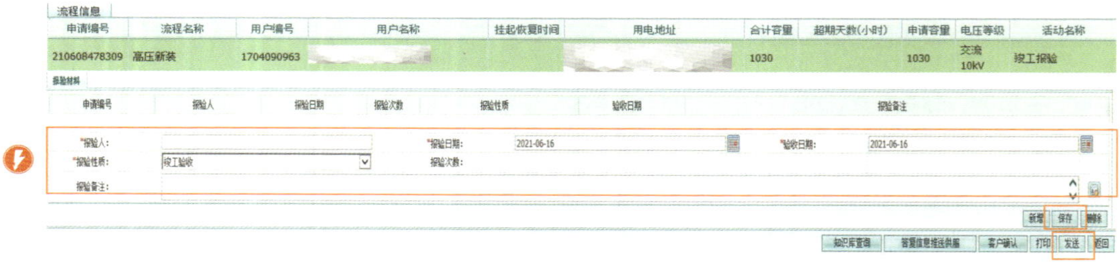

路径:【营销系统】>>【工作任务】>>【待办工作单】>>【高压新装】>>【竣工报验】

根据报验材料填写“报验人”“报验日期”等信息，并点击【保存】【发送】。

2. 验收前准备

（1）检验工作组织

工作内容

√ 客户经理直接联系或通过办电e助手发起联合竣工验收，并联系运检部门、调度部门等相关人员确定联合验收时间。

√ 现场验收前应提前与客户预约时间，告知验收项目和应配合的工作。

操作流程

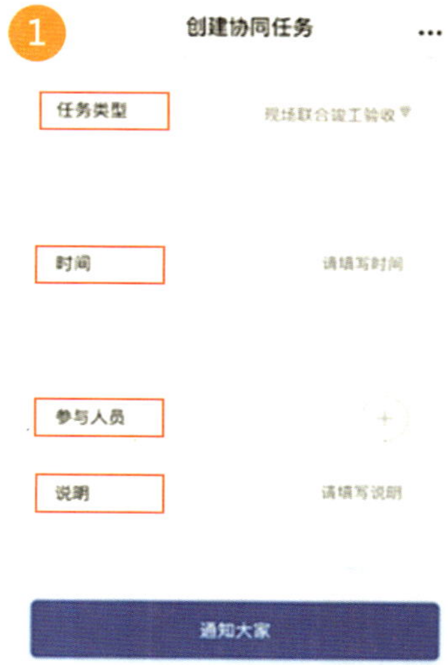

❶客户经理在办电e助手–我的项目–协同任务页，新建现场联合竣工验收任务。选择任务类型、时间、参与人员及问题说明。

❷客户经理发起联合现场竣工验收任务后，推送消息提醒运检部门以及调度部门，协同人员点击消息选择参加或不参加。

（2）填写工作票、作业卡

工作内容

√ 验收前填写《用户业扩工程验收标准化作业卡》和《客户业扩工程危险点预防措施卡》。

√ 高压客户增（减）容受电工程中间检查、竣工检验需停电的，应使用《配电第一种工作票》，工作票实行双签发制度，由供电企业和客户签发，由客户电气值班人员许可，客户经理为工作负责人。

一、用户资料	**四、现场危险点及措施**
1. 户名：浙江太瓦科技有限公司	1. 工作人员进入生产现场（办公室、控制室、值班室和检修班组室除外）应正确佩戴安全帽。着装符合电力安全工作规程（女性严禁穿裙子和高跟鞋）
2. 户号：170409XXXX流程号：21060847XXXX	2. 现场注意高空落物，防误踩孔洞，防地面尖锐物刺伤
3. 地址：浙江省绍兴市越城区XX街道XX行政村XX路XX号地块	3. 现场工作必须由二人进行，其中一人做好监护工作，严禁单人工作
二、出发前准备	4. 工作开始前，通过两个及以上指示装置确认客户受电装置是否处于带电状态，与外电网是否有明显断开点
1. 个人着装（工作服、安全帽）	5. 验收工作中，禁止进入带电已运行设备区域
2. 资料齐全（竣工图、审图意见单、技术变更单、施工单位安全交底卡）	6. 通电工作中，无论高低压设备是否带电，工作人员与设备的安全距离必须保持电力安全工作规程所规定的安全距离
3. 工器具准备（验电笔、照明工具、万用表、卡尺、卷尺等）	7. 通电工作中，严禁代替用户操作所有的用户设备及相关设施
三、站班会	8. 严禁移动现场任何遮拦等安全措施
1. 确认电源接入点电缆未搭接	工作人员签字：
2. 安全交底：接入点状态、现场安全措施及注意事项	
3. 工作分工：高压柜、低压柜、变压器、计量装置等	

作业卡填写示例（一）

序号	项目	内容
1	基本信息核对	1. 用户名称、用电地址、法定代表人、电气负责人、联系电话等信息与申请资料一致性。 2. 工程承建单位资质的合法性和有效性。 3. 电气设备是否合国家的政策、法规，是否存在使用家明令禁止的电气产品。 4. 有无冲击负荷、非对称负荷及谐波源设备等非线性用电设备，是否采取有效的治理措施。 5. 是否有多种性质的用电负荷存在
2	受电线路	1. 架空和电缆线路的安全距离及附属装置符合规范要求。 2. 柱上开关、跌落式熔断器、避雷器等安装正确。 3. 接地装置接可靠。 4. 线路命名符合要求，架空杆号牌设置明显。 5. 线路相位正确。 6. 电缆路径标识明显，支架安装牢固，防护措施完善
3	配电室（变压器室）	1. 房屋建筑防火、防汛、防雨雪冰冻、防小动物等措施完善，通风良好。 2. 配电室周围通道畅通，道路平整。 3. 通风窗口应配置钢网，门向外开启，门锁装置完整良好，防小动物挡板位置适当。 4. 配电室内环境整洁，地面、通道无杂物堆放。 5. 设备命名正确。 6. 室内照明符合要求。 7. 电缆沟内不积水，盖板平整完好，符合防火要求，电缆孔（洞）已封堵。 8. 墙上刀闸安装位置正确，操作灵活，安全距离符合要求。 9. 高低压配电设(施)备安装位置、通道距离符合要求。 10. 配电室接地装置独立接地，不与建筑主体接地共用
4	配电室	1. 房屋建筑防火、防汛、防雨雪冰冻、防小动物等措施完善，通风良好。 2. 配电室周围通道畅通，道路平整。 3. 通风窗口应配置钢网，门向外开启，门锁装置完整良好，防小动物挡板位置适当。 4. 配电室内环境整洁，地面、通道无杂物堆放。 5.设备命名正确。 6. 室内照明符合要求。 7. 电缆沟内不积水，盖板平整完好，符合防火要求，电缆孔（洞）已封堵。 8. 墙上刀闸安装位置正确，操作灵活，安全距离符合要求。 9. 高低压配电设(施)备安装位置、通道距离符合要求。 10. 配电室接地装置独立接地，不与建筑主体接地共用

序号	项目	内容
5	开关（柜）	1. 试验项目齐全、结论合格：安装符合要求，型号、规格与设计相符。 2. 试分、合高低压开关、刀闸，操作机构动作可靠、灵活。 3. “五防”装置程序合理。 4. 分合闸指示位置正确、传动机构灵活。 5. 接地良好，瓷瓶、真空开关真空包完好。 6. 铜铝连接处应有铜铝过渡措施，接头连接紧密可靠
6	互感器	1. 试验项目齐全、结论合格：安装符合要求，型号、规格、精度、变比与设计相符。 2. 本体无裂纹、破损，外表整洁，无渗漏油。 3. 一、二次接线正确，接地符合要求。 4. 变比与指示仪表参数对应
7	电容器	1. 试验项目齐全、结论合格：安装符合要求，型号、规格、容量与设计相符。 2. 布置及接线正确合理，无功补偿控制器取样电流回路接线正确完善。 3. 外壳无鼓肚、渗漏油现象，套管无裂纹，安装牢固。 4. 熔断器熔丝的额定电流符合电容器容量要求。 5. 交流接触器型号、规格符合设计要求，限流电阻安装正确，连接牢固，放电回路完整。 6. 接地可靠
8	防雷、接地	1. 试验项目齐全、结论合格：安装符合要求。 2. 避雷器外观完好，安装牢固。 3. 接地装置完整良好，焊接部位符合规范要求，明敷部分应加涂色漆
9	二次回路	1. 压板命名正确，连接线编号、截面符合要求。 2. 端子排等绝缘良好。 3. 保护定值设置正确，传动试验符合运行要求。 4. 直流操作电源接线正确，直流电压正常
10	安全工具	1. 验电笔、接地线、绝缘手套、绝缘靴、绝缘垫、标示牌、安全遮拦、灭火器等配置齐全，试验合格。 2. 接地线编号存放。 3. 安全工器具放置合理，绝缘垫铺设符合要求。 4. 电力设备放置“警示标志”
11	其他设备	1. 双（多）路电源闭锁装置可靠。 2. 自备发电机用户手续完整，资料齐全，制度完善;单独接地，投切装置符合要求。 3. 调度通信设备符合要求
12	规章制度	1. 电气主接线模拟图板符合实际。 2. 负荷记录簿、事故记录簿、缺陷记录簿、交接班记录簿等簿册齐全。 3. 有交接班制度、设备缺陷管理制度、巡回检查制度、值班员岗位责任制度。 4. 建立多电源管理制度和操作流程
13	值班电工	1. 按规定配备持有有效特种作业操作证。 2. 熟悉本厂受电装置情况

作业卡填写示例（二）

（3）验收工器具准备

工作内容

√ 个人防护用品：安全帽、工作服、绝缘手套、绝缘靴等。

√ 常用工具材料：接地线、验电笔、警告牌、围栏、测量工具、手持作业终端等。

验电笔

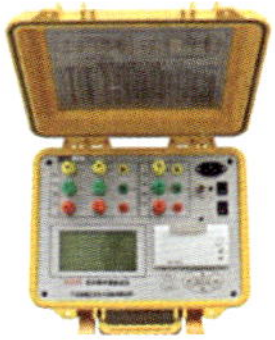

变压器容量测试仪

安全帽

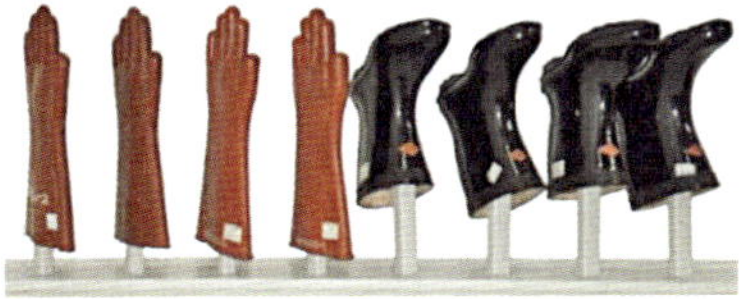

绝缘手套绝缘靴

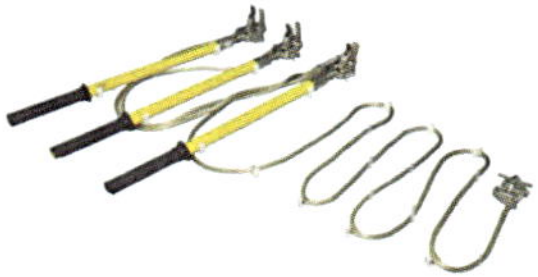

接地线

3. 现场安全措施落实

（1）现场设备状态确认

工作内容

√ 确认进、出线电缆未搭接。

√ 如进、出线电缆已搭接，应使用《配电第一种工作票》，进、出线开关应为检修状态。

架空线——进线电缆未搭接

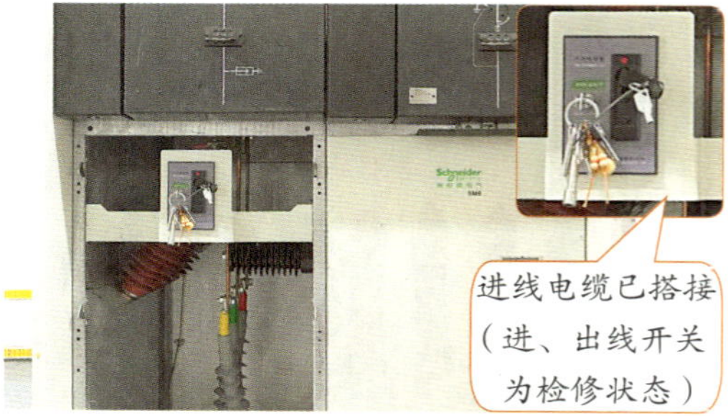

SM6环网柜

（2）现场工作票许可

工作内容

√ 按工作票要求做好现场安全措施（验电、挂接地线、装设围栏）。

√ 确定现场安全措施符合要求并履行工作票许可制度。

装设围栏

验电

（3）现场站班会

工作内容

√ 现场安全交底，告知现场设备状态、现场危险点及防范措施。

√ 工作任务布置，分组工作，明确职责任务。

√ 验收参与人员在站班会记录卡上签字确认。

现场站班会

签字确认班会记录卡

4. 现场检验

（1）基本信息核对

工作内容

√ 客户名称、客户地址、法定代表人、电气负责人、联系电话等信息与申请资料的一致性。

√ 现场验收应核对客户现场相关信息与批准的供电方案是否一致。

√ 电气设备是否符合国家的政策、法规，是否存在使用国家明令淘汰的电气产品。

√ 对冲击负荷、非对称负荷及谐波源设备等非线性用电设备，是否采取有效的治理措施。

√ 是否有多种性质的用电负荷存在。

（2）受电线路

工作内容

√ 架空和电缆线路的安全距离及附属装置符合规范要求。

√ 接地装置连接可靠。

√ 线路命名符合要求，架空杆号牌设置明显。

√ 线路相位正确。

√ 电缆路径标识明显，支架安装牢固，防护措施完善。

架空线路图片

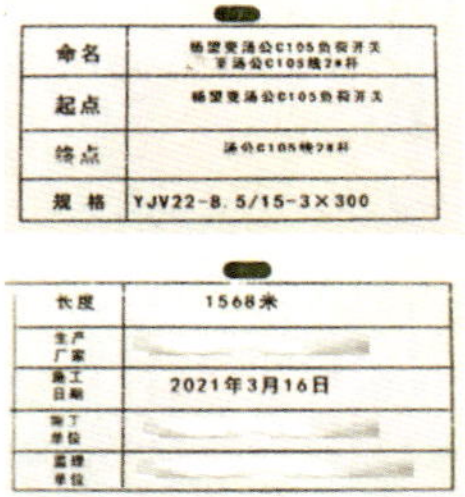

电缆路径标识

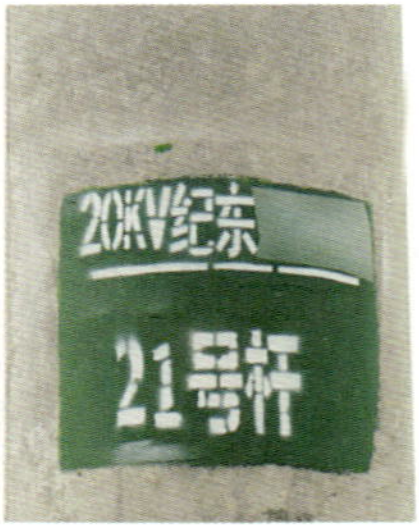

线路命名图

（3）配电室（变压器室）

工作内容

√ 架空和电缆线路的安全距离及附属装置符合规范要求。

√ 接地装置连接可靠。

√ 线路命名符合要求，架空杆号牌设置明显。

√ 线路相位正确。

√ 电缆路径标识明显，支架安装牢固，防护措施完善。

防小动物挡板

保持环境整洁

通道距离符合要求

工作内容

√ 设备命名正确。

√ 电缆沟内不积水，盖板平整完好，符合防火要求，电缆孔（洞）已封堵。

√ 墙上刀闸安装位置正确，操作灵活，安全距离符合要求。

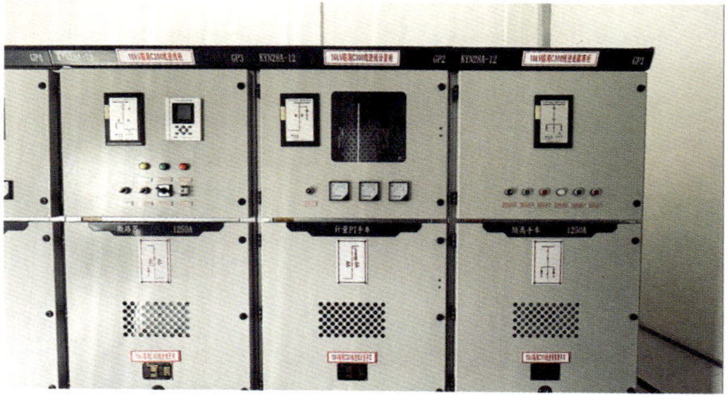

配电设备正确命名

电缆沟盖板平整完好

(4)变压器

工作内容

√ 交接试验项目齐全、结论合格；变压器安装符合“电力变压器、油浸电抗器、互感器施工及验收规范”(GBJ 148—90《电气装置安装工程电力变压器、油浸电抗器、互感器施工及验收规范》)要求，容量、型号与设计相符。

√ 电压分接开关操作无卡滞、分接指示正确。

√ 高低压母排相色标识正确。

√ 变压器命名牌已装挂，命名及编号准确无误。

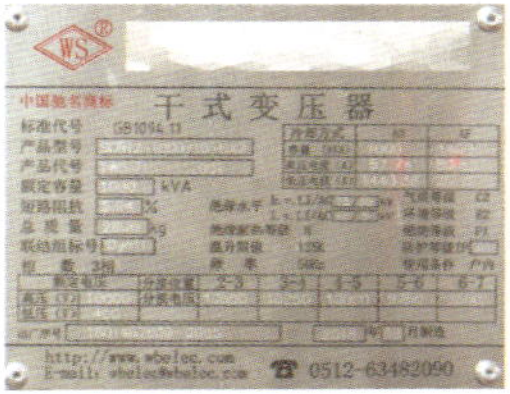

变压器铭牌

干式变压器

低压母排

三相绕组

工作内容

√ 油位正常；气体继电器、温度计安装正确；防爆管、防爆膜、呼吸器及硅胶良好；全封闭变压器压力释放装置符合投运要求。

√ 二次接线正确、动作可靠；气体继电器无异常。

√ 变压器外壳、中性点等接地符合要求。

√ 油浸变压器外壳完整无渗漏油，干式变压器外绝缘无裂缝，瓷瓶无破裂和放电痕迹。

√ 运行中的油浸变压器应用围栏隔离并悬挂“止步，高压危险”警示牌，围栏高度要达到170厘米，围栏间距不大于10厘米，与变压器安全距离应符合标准。

油浸变压器

（5）开关柜

工作内容

√ 试验项目齐全、结论合格；安装符合要求，型号、规格与设计相符。

√ 试分/合高低压开关、刀闸，分合闸指示位置明确，操作机构动作可靠、灵活。

√ 开关柜接地良好，柜内各电气连接紧密可靠。

√ 柜体密封良好，金属件表面无锈蚀，符合防护等级的要求。

√ 柜体安装牢固，垂直度、水平度满足要求。

√ 控制按钮颜色满足要求。

√ 接地开关与机构的联动正常，无卡阻现象。

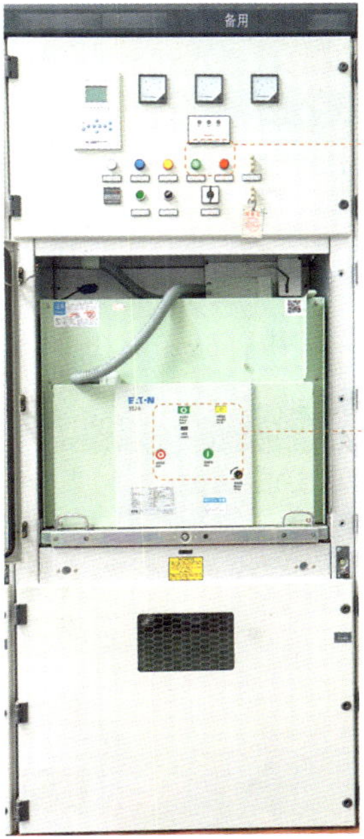

二号进线柜

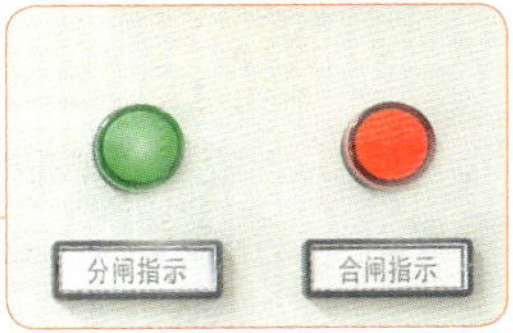

分合指示

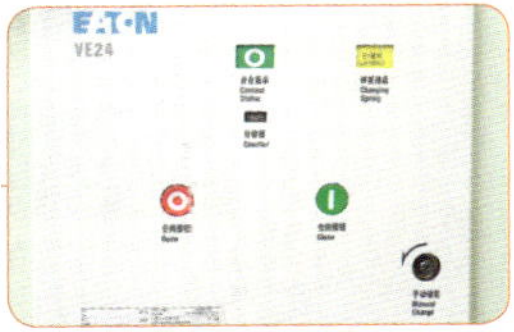

储能指示、分合按钮

接地开关

常见高压柜类型

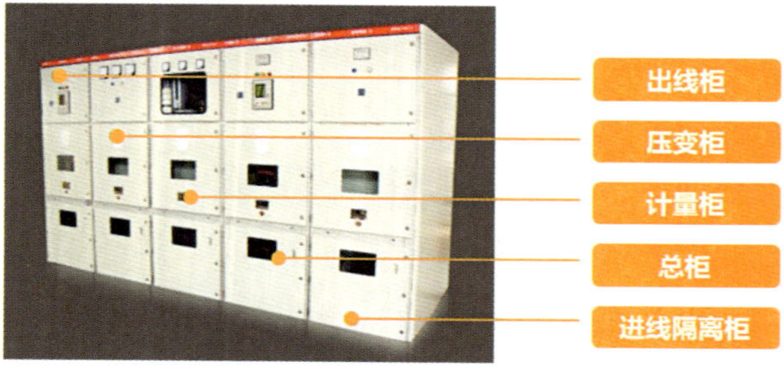

KYN28A中置柜

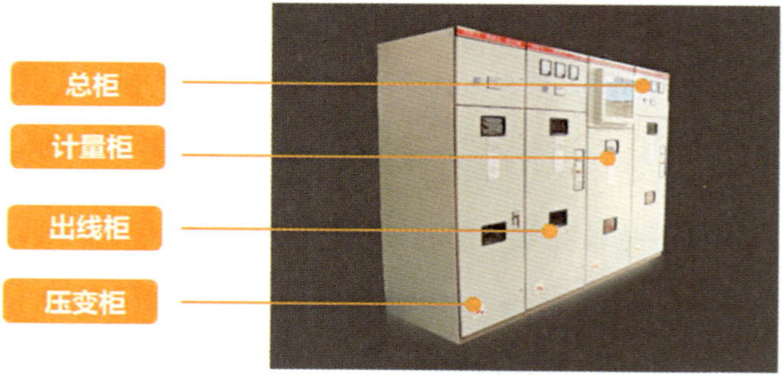

HXGN环网柜

常见低压柜类型

GCS开关柜

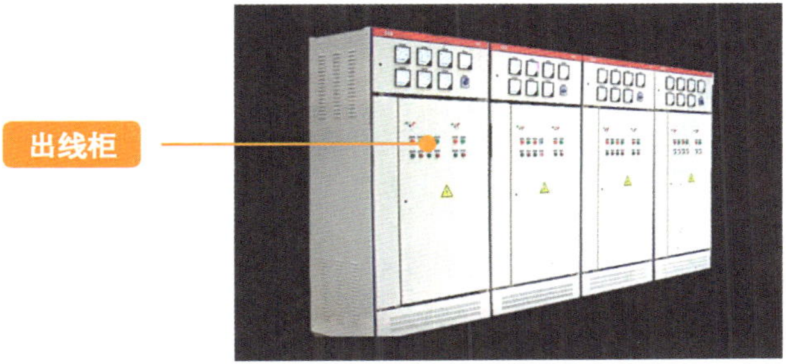

GGD开关柜

1）断路器

工作内容

√ 外观清洁、无放电痕迹、油漆完整。

√ 断路器与机构的联动正常，无卡阻现象。

√ 储能弹簧储能指示正确。

√ 操作时活门挡板起降应能启闭到位、平衡、可靠、无卡滞。

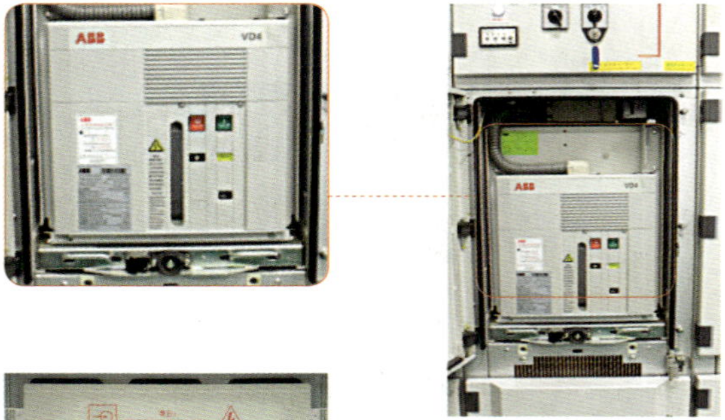

高压断路器

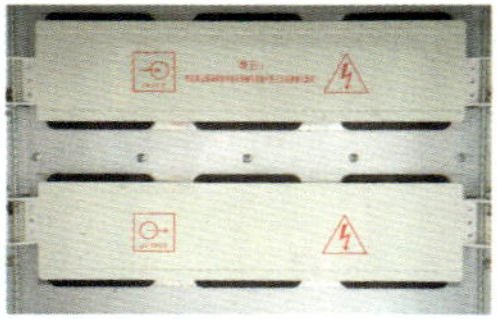

活动挡板

高压断路器

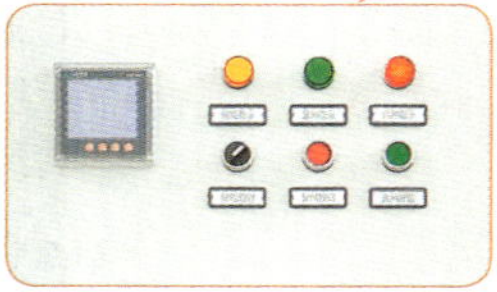

分合按钮

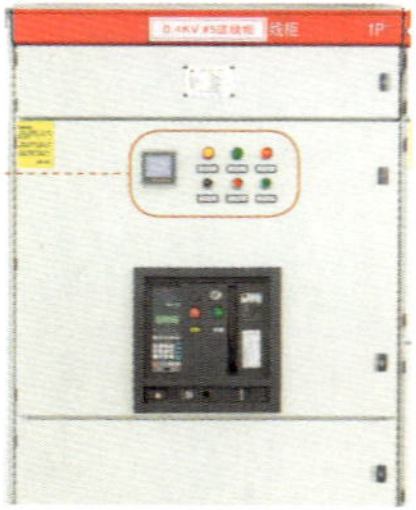

低压断路器

2）闭锁装置

工作内容

√ 各开关柜防误装置应可靠、有效，符合“五防”要求。

√ 不同电源间的闭锁装置符合设计要求，并按停、送电程序进行联锁操作，程序正确，联锁可靠。

√ 防误闭锁的钥匙应妥善保管，数量应正确。

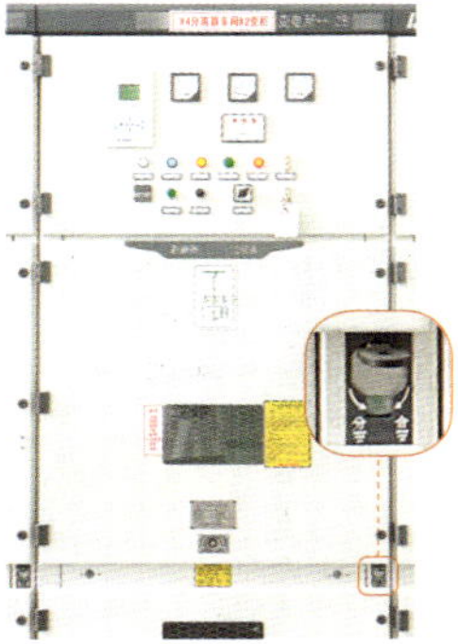

五防联锁

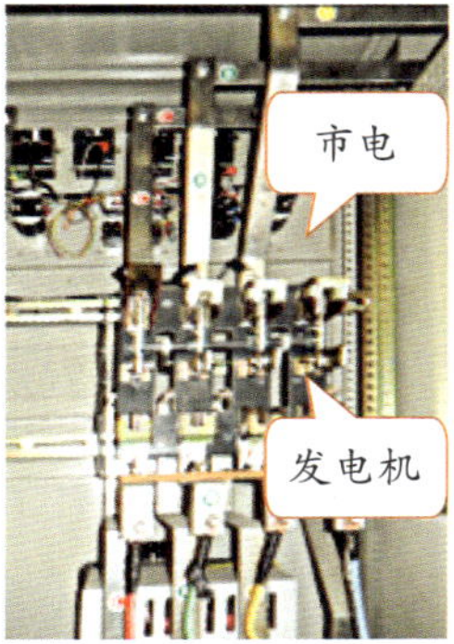

四极双投闸刀

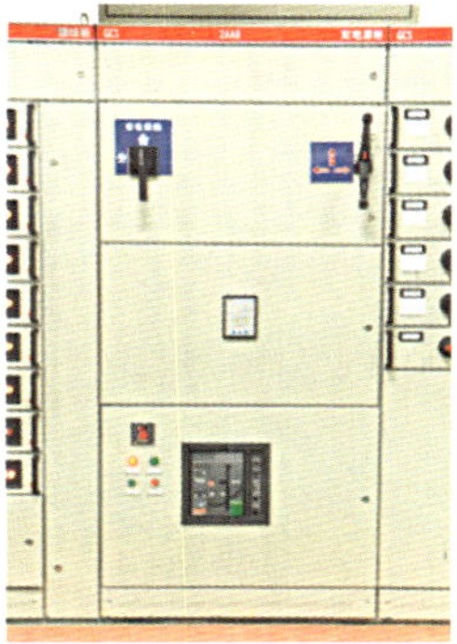

自备电源切换

机械锁

工作内容：母线

√ 母线要求外观清洁，热缩材料平整无破损。

√ 母线安装牢固、安装工艺符合规范。

√ 母线相色标志齐全、正确，母线带电体间及带电本对其他物体间距离符合“母线装置施工及验收规范”（GBJ 149—90）。

√ 母线截面满足设计要求。

√ 支持绝缘子要求外观清洁、无裂纹、破损。

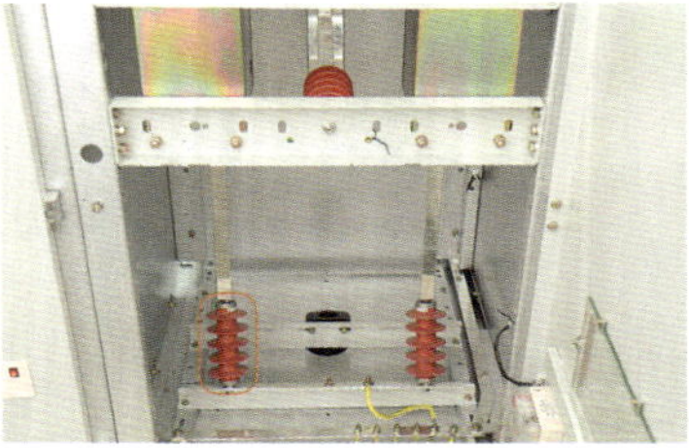

支持绝缘子

低压母排

（6）互感器

工作内容

√ 试验项目齐全、结论合格。

√ 安装符合要求，型号、规格、精度、变比与设计相符。

√ 本体无裂纹、破损，外表整洁，无渗漏油。

√ 二次接线正确，接地符合要求。

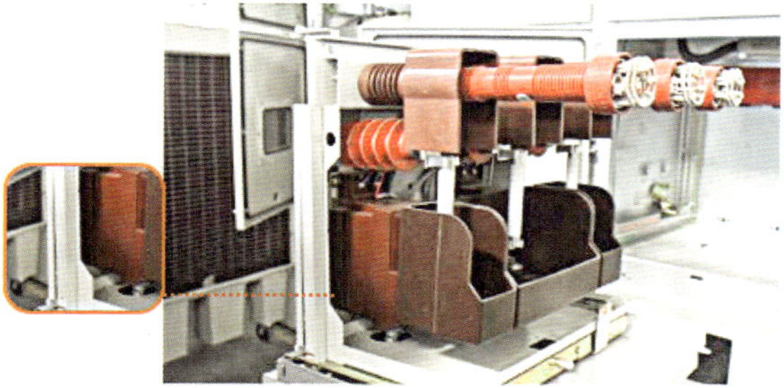

电压互感器

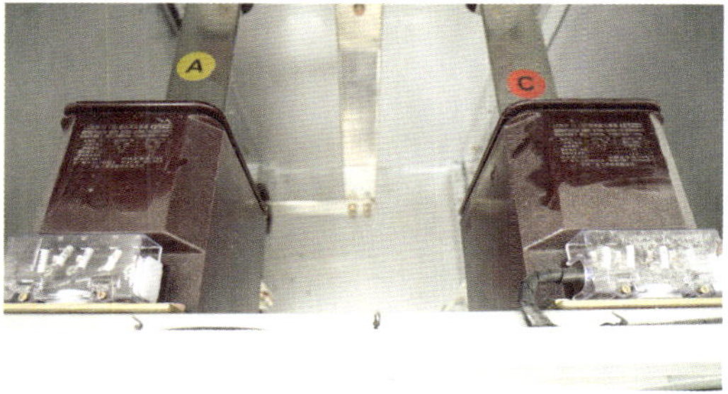

电流互感器

（7）电容器

工作内容

√ 试验项目齐全、结论合格；安装符合要求，型号、规格、容量与设计相符。

√ 布线及接线正确合理，无功补偿控制器采样电流回路接线正确。

√ 电容器无鼓肚、渗漏油现象，安装牢固。

√ 熔断器熔丝的额定电流应与电容器容量相匹配。

√ 交流接触器型号、规格符合设计要求，限流电阻安装正确，连接牢固，放电回路完整。

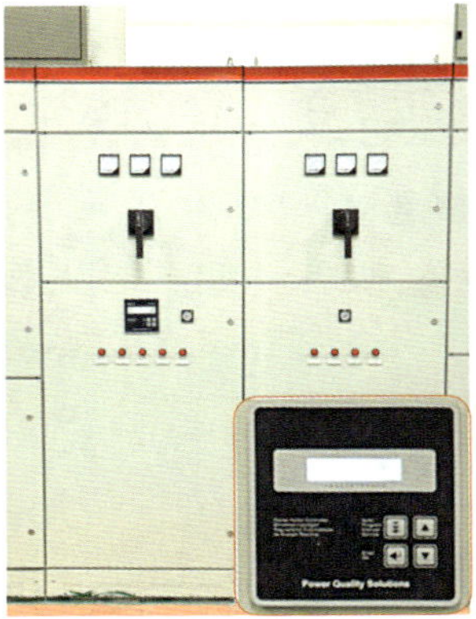

无功补偿柜

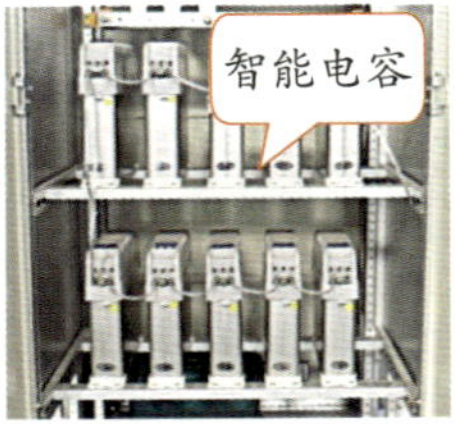

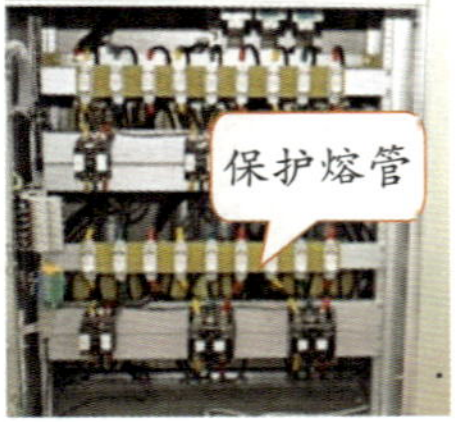

（8）防雷、接地装置

工作内容

√ 试验报告试验项目齐全、结论合格；安装符合要求。

√ 线路避雷器应安装在线路侧、接地可靠。接地应直接在接地排上，不采用过度接地。

√ 接地线沿建筑物墙壁水平敷设时，离地面距离宜为250～300毫米；接地线与建筑物墙壁间的间隙宜为10～15毫米；明敷接地线，在导体的全长度或区间段及每个连接部位附近的表面，应涂以15～100毫米宽度相等的绿色和黄色相间的条纹标识。

√ 接地电阻值大小应符合设计要求。

避雷器

(9)二次回路

工作内容

√ 压板命名正确，连接线编号、截面符合要求。

√ 保护定值设置正确，传动试验应正确动作。

√ 直流操作电源接线正确，直流电压正常。

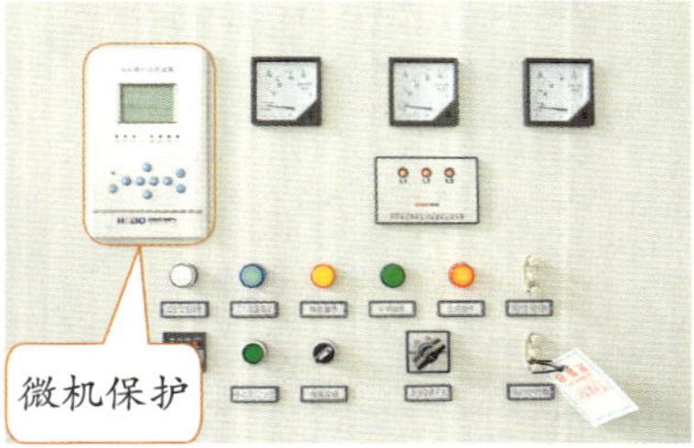

微机保护

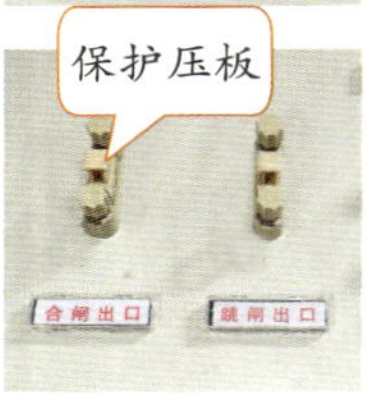

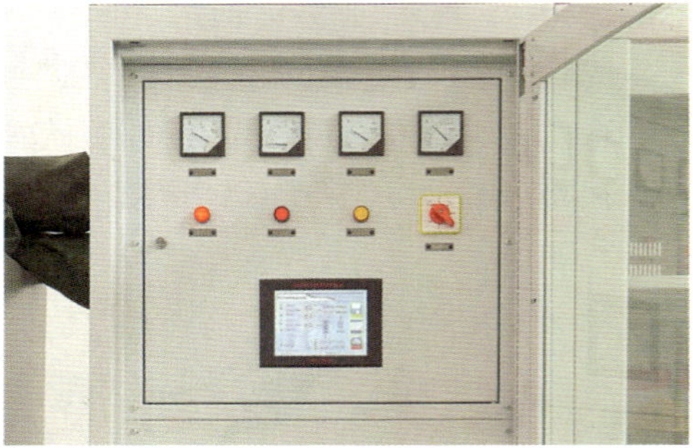

直流屏

（10）安全工具

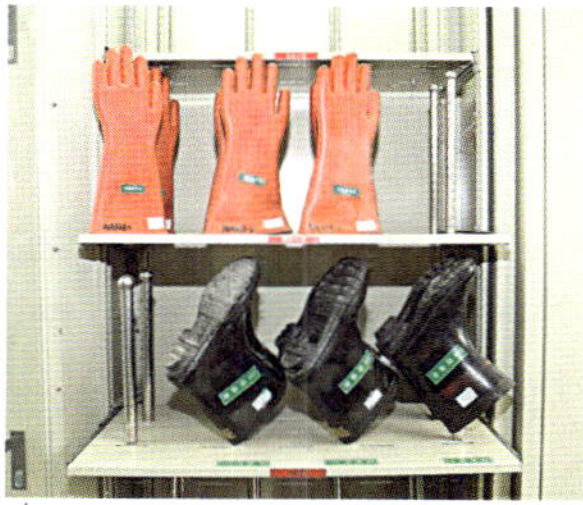

绝缘手套、绝缘鞋

工作内容

√ 验电笔、接地线、绝缘手套、绝缘靴、标示牌、安全遮栏、灭火器等配置齐全，经具备相应资质的试验单位试验合格并在有效期内。

√ 安全工器具放置合理，应编号并定置存放。

√ 绝缘垫铺设符合要求。

√ 应配置应急照明设备。

灭火器

标示牌

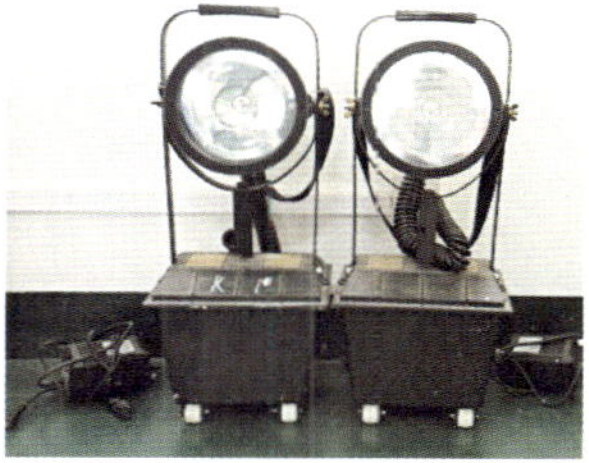

照明工具

（11）自备电源

工作内容

√ 不并网自备电源的投切装置应具备可靠的防误闭锁装置。

√ 发电机外壳和中性点应单独可靠接地，检查接地连接处应无锈蚀。

√ 自备发电机是否有渗漏油现象，检查蓄电池等自备电源启动装置是否有效。

√ 发电机燃油应单独放置，消防措施可靠，油量应满足其自身应急要求。

自备发电机

投切装置

工作内容

√ 应具备自备电源投切管理制度、开停机记录。

√ 对利用UPS、EPS作为应急电源的，检查配置应满足要求。

√ 自备应急电源配置容量应至少满足全部保安负荷正常供电的需要。

√ 电源切换时间应满足要求。

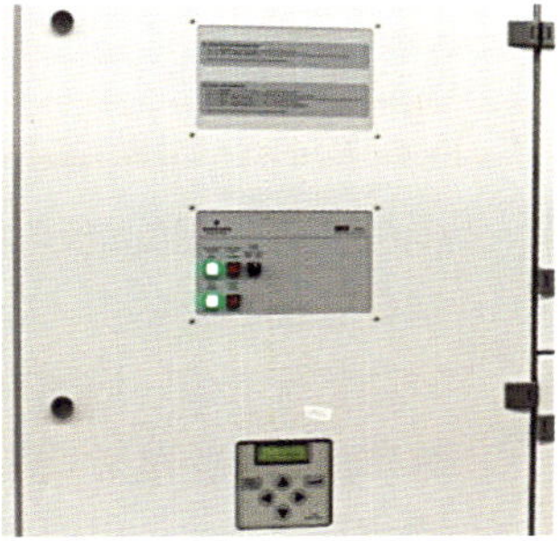

自动投切装置（外）

EPS应急电源

电池组

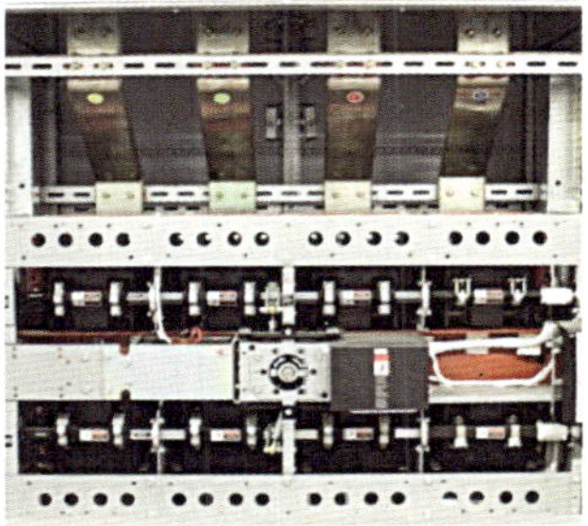

自动投切装置（内）

（12）规章制度

工作内容

√ 电气主接线模拟图板与实际相符。

√ 运行管理制度齐全（交接班制度、设备缺陷管理制度、巡回检查制度、值班员岗位责任制度等）。

√ 检查规程齐全（电气安全工作规程、现场运行规程、典型操作票、事故处理规程等）。

√ 停电应急预案符合实际，可操作性强。

√ 负荷记录簿、事故记录簿、缺陷记录簿、交接班记录簿等簿册齐全。

√ 按规定配备持有进网作业许可证的电气运行人员。

√ 电气运行人员应熟悉电气设备。

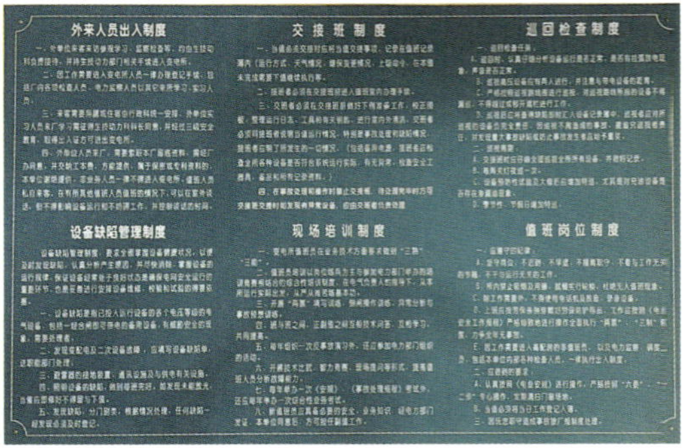

运行管理制度

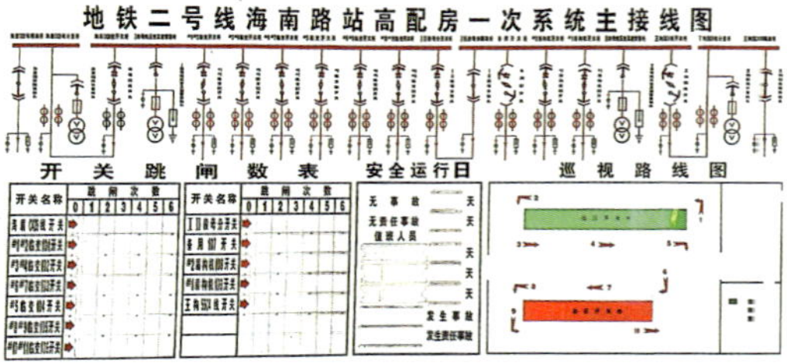

电气主接线图

5. 检验结果处理

工作内容

√ 出具《客户受电工程竣工检验意见单》，填写清晰、规范、完整。

√ 指导客户对缺陷进行整改，跟踪整改进度。

√ 复验，直至验收合格。

注意事项

√ 客户应对竣工检验过程中发现的缺陷进行整改，整改完成后再次报验，复验未合格之前不予送电。

客户受电工程竣工报验单（示例）

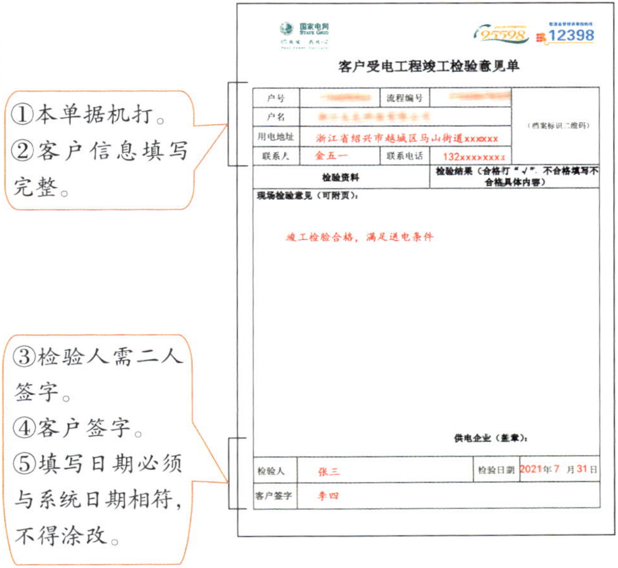

操作流程

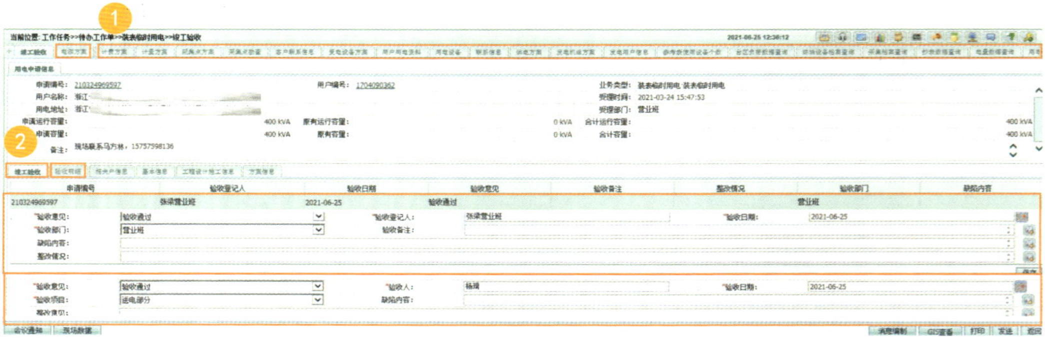

路径：【营销系统】>>【工作任务】>>【待办工作单】>>【高压新装】>>【竣工验收】

❶进入竣工验收界面，依次点击【电源方案】【计费方案】等核对信息。

❷点击【竣工验收】，录入“验收意见”等信息，点击【验收明细】，录入“验收意见”“验收人”等信息。

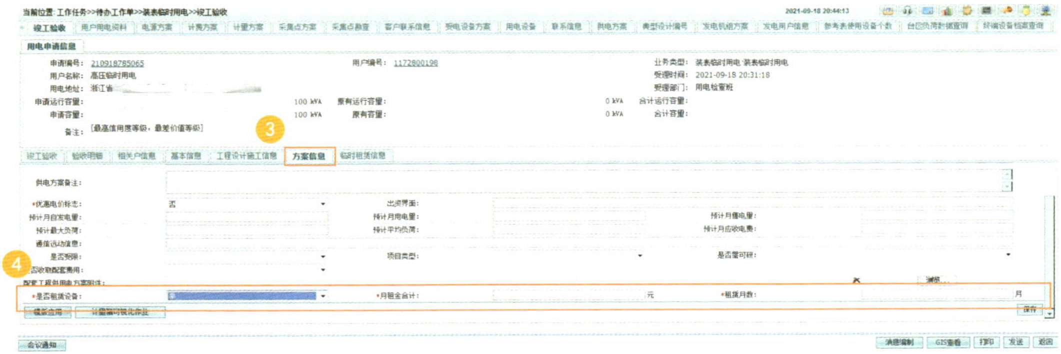

❸进入竣工验收环节，点击【方案信息】。

❹是否租赁设备选择“是”时，填写月租金合计、租赁月数，以及填写租赁设备信息，并保存。

❺完成营销侧填写后点击【资料确认】，将竣工验收意见推送至网上国网App客户端侧，一次性告知存在的缺陷，明确整改要求，请客户确认后签字。

❻收到推送后登录网上国网App，线上查看“客户受电工程竣工检验意见单”上相关内容，并签字确认。若不通过，客户应根据验收意见进行相关整改，并在完成相关整改后点击【复验】重新申请竣工报验。

（二）签订供用电合同

根据国家电网公司合同范本起草供用电合同文本，经相关专业部门审核后，与客户协商签订供用电合同。

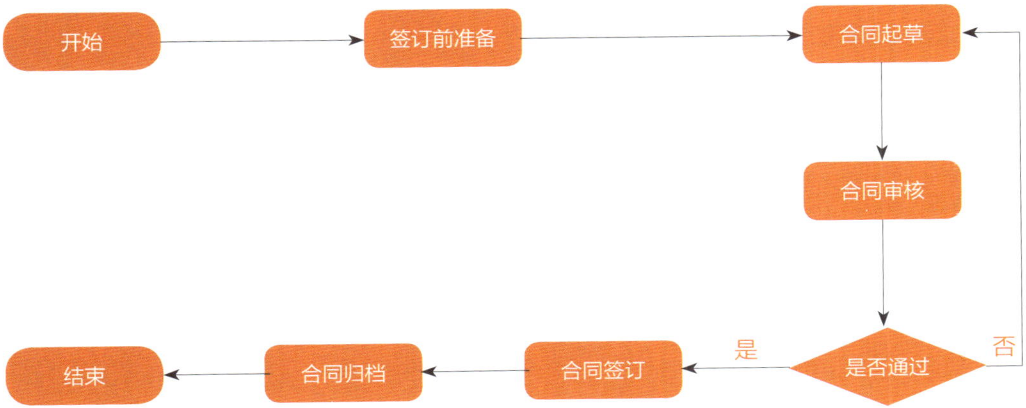

1. 签订前准备

工作内容

√ 供用电合同正式签订前，作业人员应核查电费结算协议、电力调度协议等有关附件（资料）是否齐备。

√ 签订供用电合同前应对客户的主体资格、法人代表身份证明材料和客户签约人资格等进行严格审核，防止无效合同和产生合同风险。

√ 确认信息无误后，通过营销服务系统进行合同起草派工。

2. 合同起草

工作内容

√ 根据客户申请的用电业务、电压等级、用电类别，选择供用电合同范本的类型。

√ 将合同范本交予客户仔细阅读，并与客户协商确定合同初稿及其附件。

√ 在营销业务系统内录入合同文本初稿及其附件等信息。

注意事项

√ 合同用电人名称，应与其主体资格证书上名称相一致。

√ 供用电合同和营销系统相对应的内容必须一致。

√ 供用电设施产权分界点的确定，应符合供电营业规则的规定。

√ 营销业务系统内录入的合同及其附件信息必须与机外合同文本中的内容保持一致。

操作流程

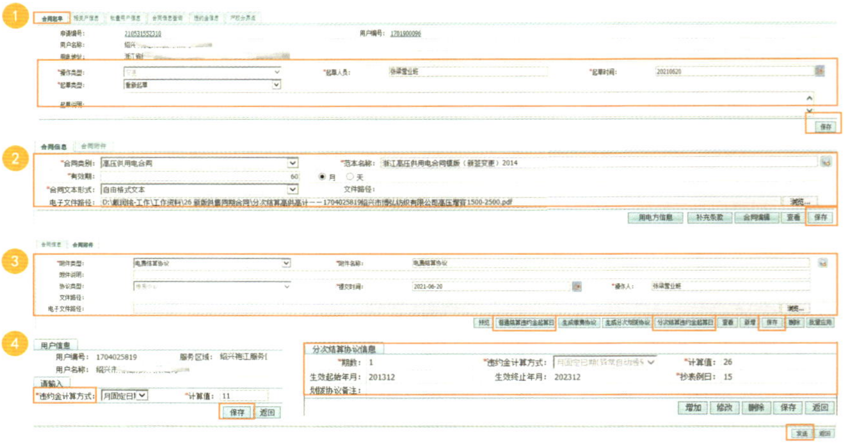

路径：【营销系统】>>【工作任务】>>【待办工作单】>>【高压新装】>>【合同起草】

❶点击【合同起草】，填写“起草人员”“起草时间”等信息。

❷点击【合同信息】，填写“合同类别”“范本名称”等信息。

❸点击【合同附件】，填写“附件类型”“附件名称”等信息。

❹增加“电费违约金结算”信息。

3. 合同签订

（1）供电合同签订

工作内容

√ 用户自行选择使用传统的纸质合同签章形式或是线上电子签章的方式完成供电合同的签订。

√ 线上签订：

- ❑ 客户通过网上国网App办电e助手查看《供用电合同》并签署，客户可以选择合同上传方式或调用电子签章方式完成合同签订。
  - ■ 选择合同上传方式时，客户自行下载电子合同，打印并盖章后，完成拍照或扫描上传。
  - ■ 选择电子签章方式时，调用电子签章功能，完成线上电子签章。
- ❑ 签署界面可以进行文件预览和文件下载。

工作内容

√ 线下签订：

- ❑ 核实客户方签约人资格。当签约方为委托代理人时，应确认委托代理人身份，并将授权委托书作为合同附件。
- ❑ 供电企业将《供用电合同》签字盖章并加盖“骑缝章”后，文本送交客户，记录客户接收供用电合同的日期，约定合同的签约时间；客户在合同文本上指定位置签字盖章、加盖“骑缝章”，并填写签约日期及签约地点。
- ❑ 在营销系统中录入合同相关信息，并发送至合同归档环节。

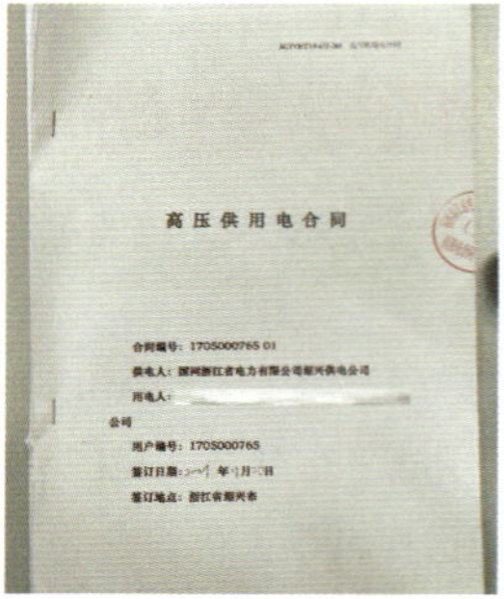

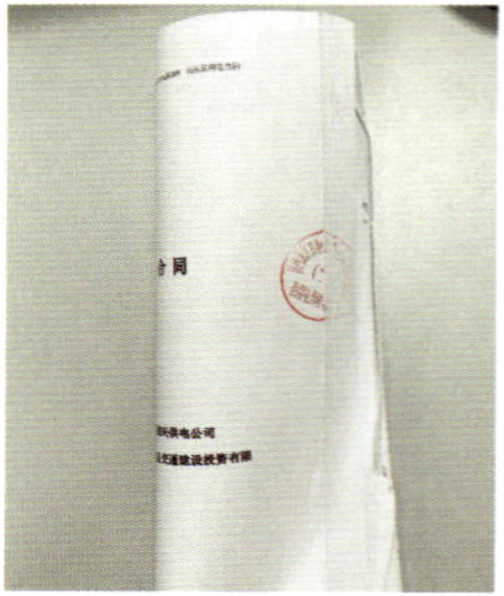

操作流程

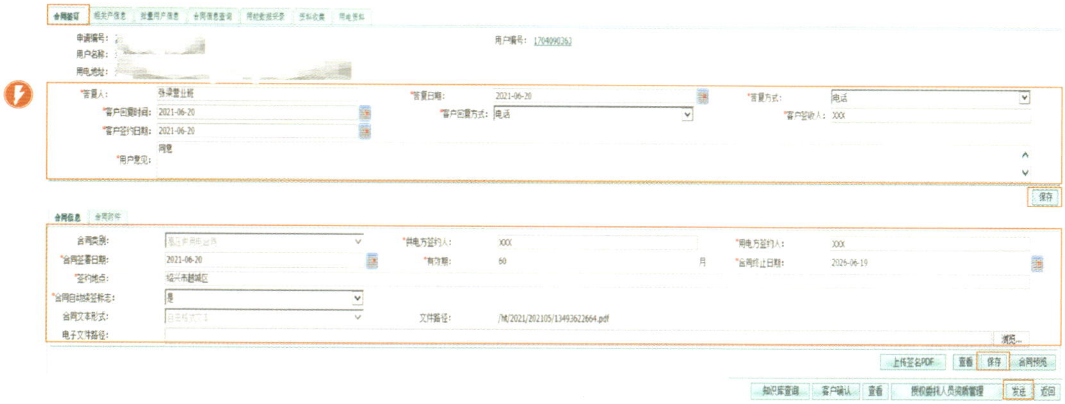

路径：【营销系统】>>【工作任务】>>【待办工作单】>>【高压新装】>>【合同签订】

❶点击【合同签订】，录入客户签收人、签约日期、答复日期、答复方式、客户意见、供用电双方签约人、合同有效期、签署日期、签约地点等信息，完成后发送至合同归档环节。

（2）服务调度协议签订

工作内容

√ 客户通过网上国网App办电e助手线上查看《调度协议》并签署，客户可以选择调度协议上传方式和调用电子签章方式完成调度协议签订。

√ 选择调度协议上传方式时，客户自行下载调度协议，打印并盖章后，完成拍照或扫描上传。

√ 选择调用电子签章方式时，调用电子签章功能，完成线上电子签章。

√ 线下签订方式供用电合同签订方式相似。

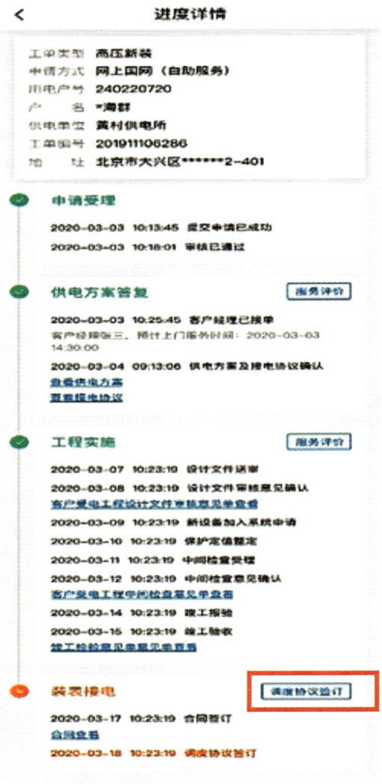

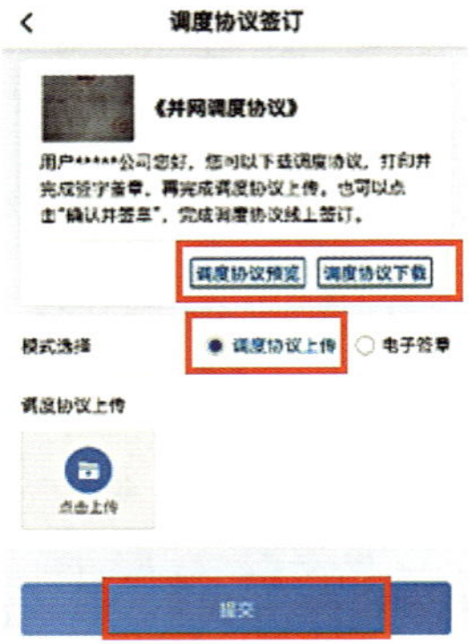

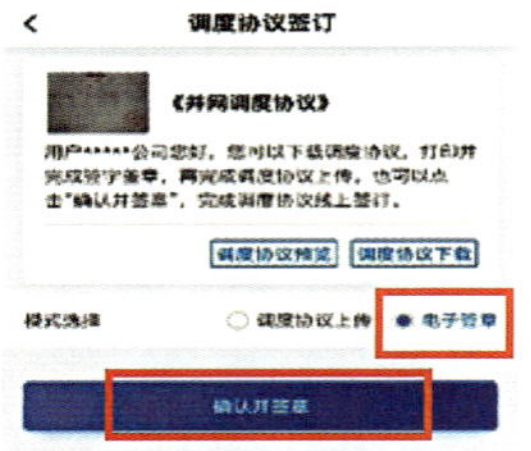

（三）装表

1. 配表

工作内容

√ 装接人员接受装表任务后，在营销系统内完成配表。

√ 高压用户需要填写《电能计量装接单》。

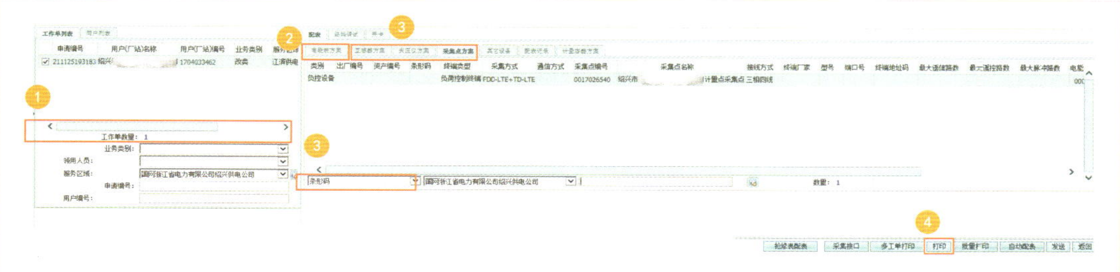

路径：【营销系统】>>【工作任务】>>【待办工作单】>>【高压新装】>>【配表】

❶点击【待办工作单】，选择待办工作。

❷点击【电能表方案】。

❸依次点击【互感器方案】【采集点方案】，输入资产条形码或资产编号。

❹点击【打印】。

高压电能计量装接单

①户号、流程编号、户名、用电地址、联系人、联系电话、供电电压、合同容量计量方式、接线方式由系统打印，需现场核实客户基本信息。

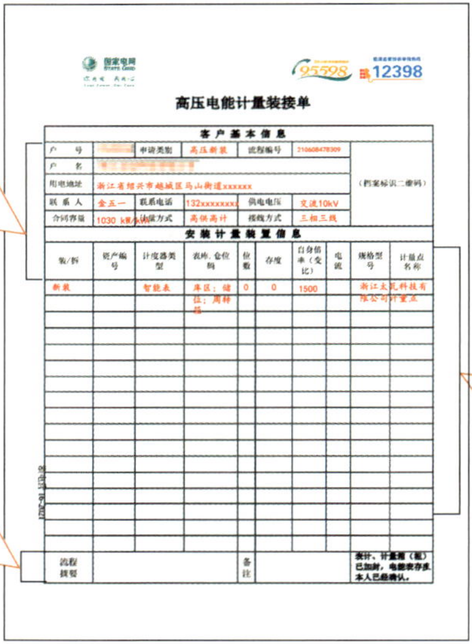

高压电能计量装接单

客户基本信息						
户　号	[illegible]	申请类别	高压新装	流程编号	210608478309	（档案标识二维码）
户　名	[illegible]					
用电地址	浙江省绍兴市越城区马山街道xxxxxx					
联系人	金五一	联系电话	132xxxxxxxx	供电电压	交流10kV	
合同容量	1030 kW/kVA	计量方式	高供高计	接线方式	三相三线	

安装计量装置信息									
装/拆	资产编号	计度器类型	表库、仓位码	位数	存度	自身倍率（变比）	电流	规格型号	计量点名称
新装		智能表	库区：储位：周转箱	0	0	1500		浙江太瓦科技有限公司计量点	

流程摘要		备注		表计、计量箱（柜）已加封，电能表存度本人已经确认。

②该信息由系统打印，现场核对资产编号、倍率、规格型号、计量点名称等。

③客户签名，装接完毕，由客户代表签字。

④装接人员，按实际现场装接人签名。

⑤装接日期，按实际填写。

2. 配表

工作内容

√ 配表完成后进行派工后领表。

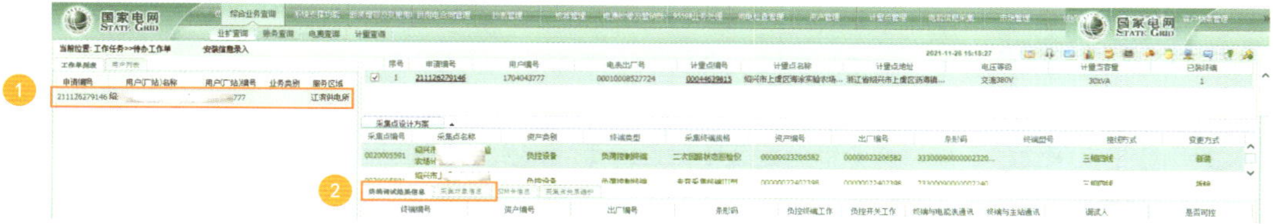

路径:【营销系统】>>【工作任务】>>【待办工作单】>>【高压新装】>>【领表】

❶点击【待办工作单】，选择待办工作单。

❷依次点击【终端调试】【采集对象信息】【领用】，选中领表人。

3. 现场作业

（1）装表前准备

工作内容

√ 工作负责人到达现场，办理工作票许可手续。

√ 确认现场作业前，召开站班会，告知安全注意事项和危险点，明确作业人员具体分工。

√ 确认安全措施是否到位。

- ❑ 检查作业环境。
- ❑ 计量柜（箱）体验电（验电前需确认验电笔正常）。
- ❑ 检查所有开关均已断开，悬挂标示牌。
- ❑ 作业工具绝缘保护应符合《电力安全工作规程》的规定，工具、材料必须妥善放置并站在绝缘垫上进行工作。

办理许可手续

验电

检查开关

安全标识

（2）计量装置验收

工作内容

√ 按照《电能计量装接单》，现场核对户名、户号及新装电能计量器具（电能表，终端，接线盒，互感器）的规格、资产编号等内容，检查外观是否完好。

√ 计量柜（箱）是否符合计量装置、控制回路接入等安装技术要求，应预留用电信息采集终端安装位置。

√ 电能表安装位置应正对观察窗。

√ 检查互感器安装位置及安全距离，查看电源进线相色，确定电源侧方向。

√ 计量柜（箱）内部所有洞孔要求全部封堵。

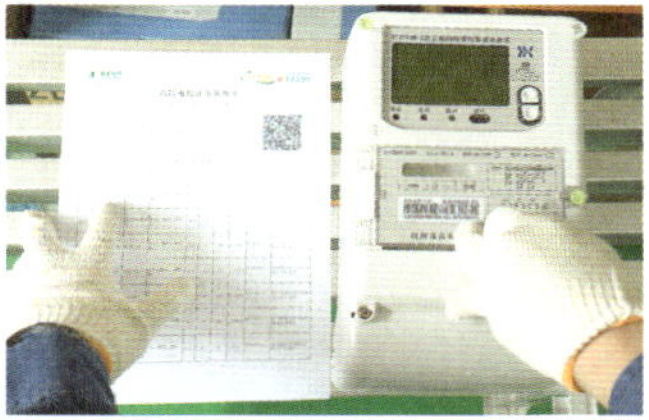
核对计量器具信息

控制回路检查

检查互感器位置

（3）现场安装

工作内容

√ 按施工图要求,连接互感器侧二次回路导线:

- ❑ 导线应采用铜质绝缘导线，电流二次回路截面不应小于4平方毫米，电压二次回路截面不应小于2.5平方毫米。
- ❑ 互感器至联合接线盒的二次导线不得有接头或中间连接端钮。
- ❑ 连接前采用500伏绝缘电阻表测量其绝缘应符合要求。
- ❑ 用万用表欧姆挡，校对电压和电流的二次回路导线，并分别编码标识。
- ❑ 多绕组的电流互感器应将剩余的组别可靠短路，多抽头的电流互感器严禁将剩余的端钮短路或接地。
- ❑ 高压电流、电压互感器二次侧及外壳应可靠接地。

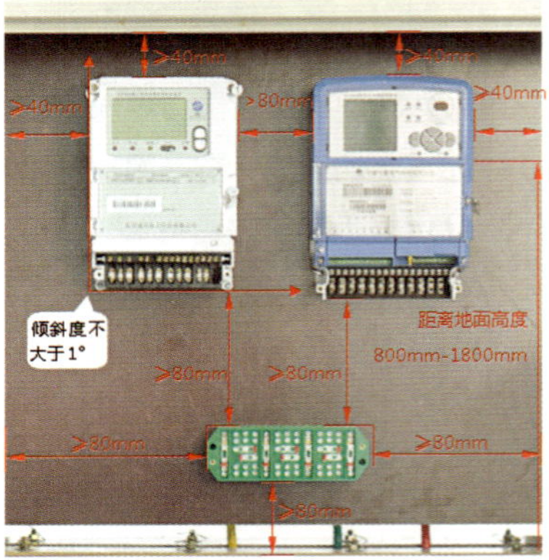

计量装置安装规范

工作内容

√ 根据接线图，用万用表欧姆挡核对计量柜接线。

√ 把电能表、终端可靠固定在计量柜内，导线与接线盒端钮连接应正确、可靠。

√ 将计量回路二次导线依次按编号对应相色接入联合接线盒。

√ 安装完毕，联合接线盒电流、电压连接片位置放置在运行位置。

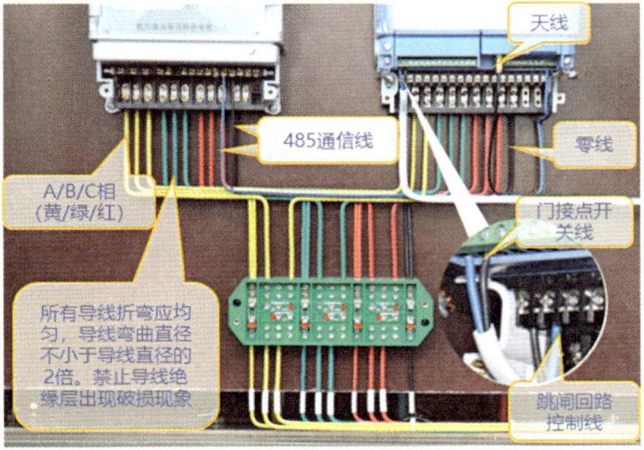

(4) 安装检查

工作内容

√ 由工作负责人指定专人对计量设备安装和接线进行核查。

√ 检查电能表安装和接线是否正确，线头应无外露，接线螺丝应拧紧。

√ 检查联合接线盒内连接片位置，确保正确。

√ 检查完毕，未发现问题和错误，扎束导线，装上电能表、终端和接线盒罩壳。

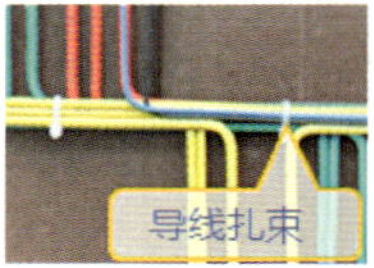

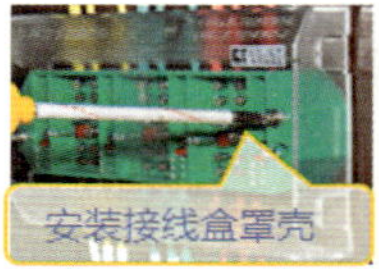

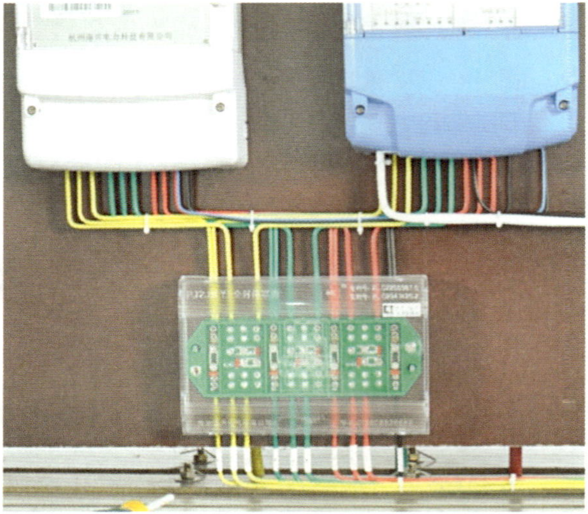

（5）安装完结

工作内容

√ 送电检查后确认安装无误，对计量设备加封封印，并在装表工作单上记录封印编号。

√ 新装电能表起度拍照。用专业设备拍照记录相应信息，包括新装电能表起度、表号、计量设备封印信息等。

√ 用电客户装表工作单签字确认。

√ 现场作业结束，工作负责人填写工作票，办理工作票终结手续。

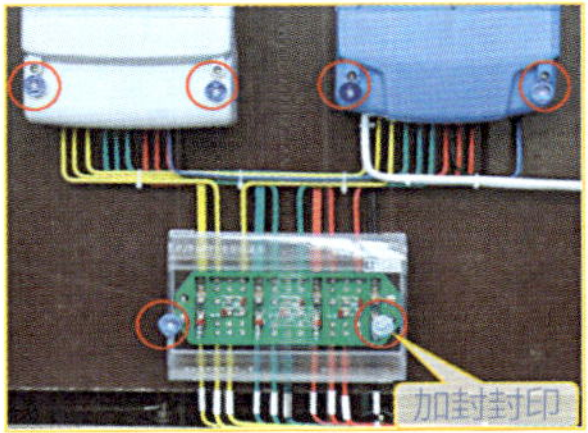

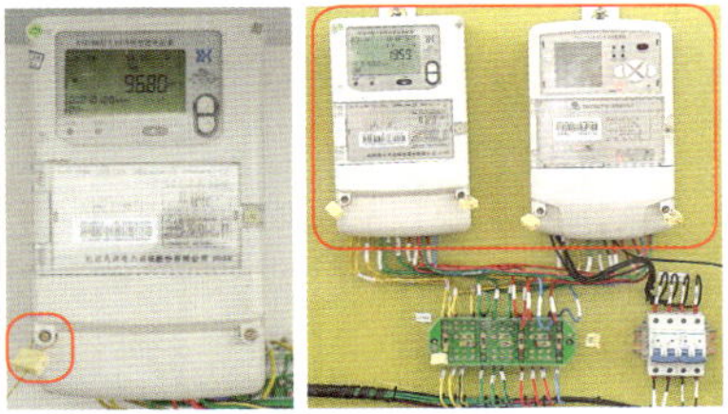

计量设备封印

新装电能表起度拍照

办理工作票终结手续

操作流程

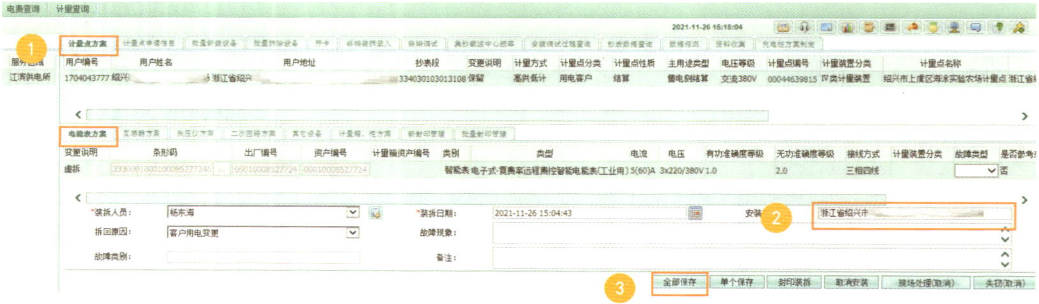

路径：【营销系统】>>【待办工作单】>>【安装信息录入】>>【计量点方案】

❶点击【计量点方案】【电能表方案】填写安装位置以及本次示数，默认为“0”并保存。

❷点击【互感器方案】，选择安装方式、填写安装位置并保存。

❸点击【终端调试】，选择对应工单并保存。

（四）送电

主要工作内容包括客户送电前准备、送电的实施以及送电后的检查等。

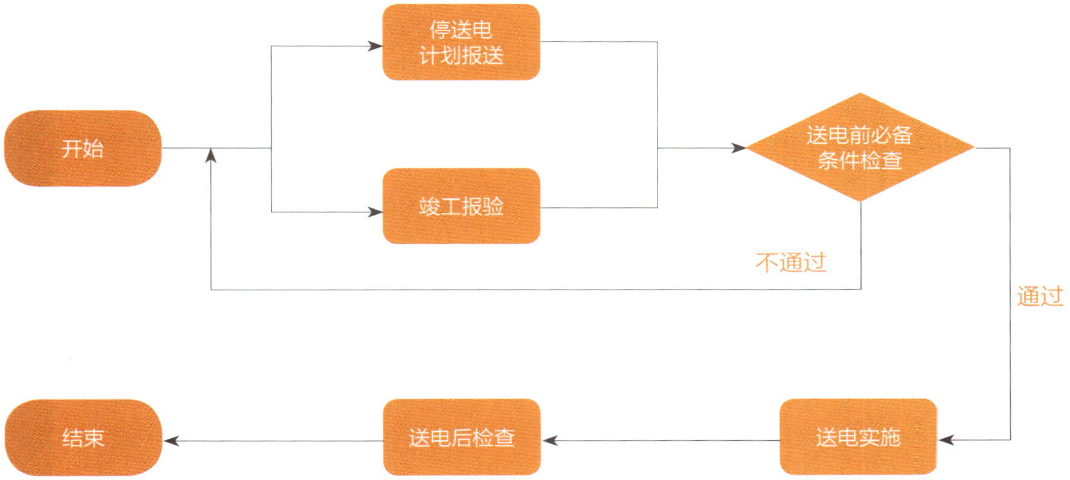

1. 确认客户意向接电时间

工作内容

√ 线上通过网上国网App以及办电e助手等进行停送电管理。

√ 供电服务指挥系统返回的停送电计划，通过消息推送提醒客户、客户经理。

客户看版

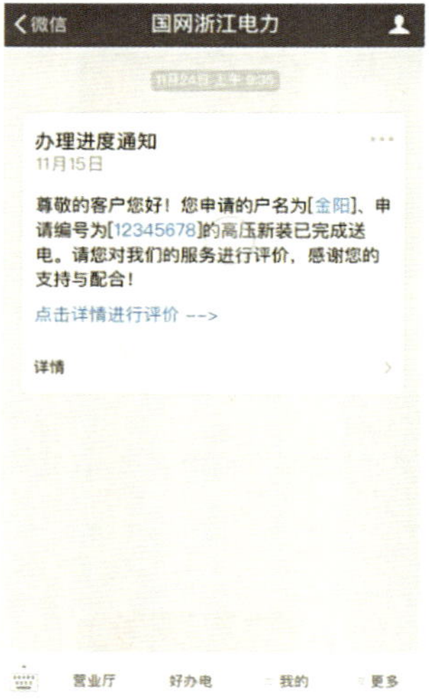

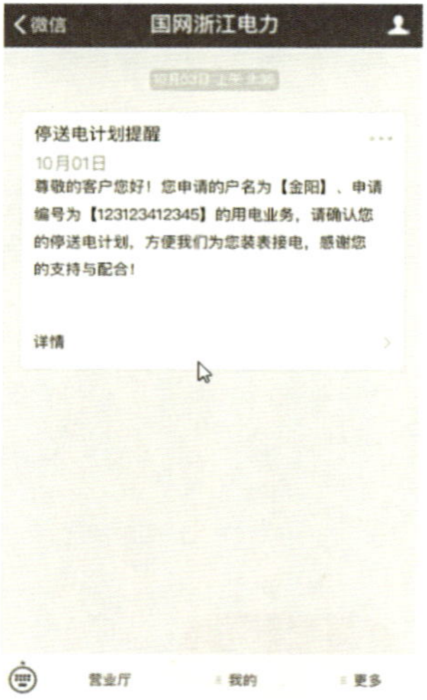

2. 停送电计划报送

工作内容

√ 客户意向接电时间反馈后，同步报送业扩送（停）电计划。

√ 计划管理人员在收到送（停）电计划后，及时反馈计划内容。

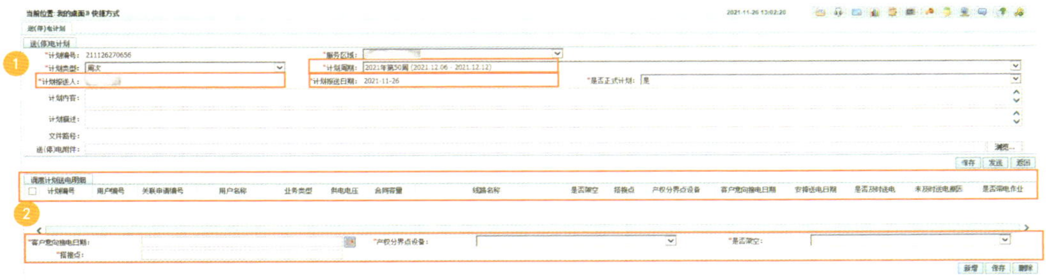

路径:【营销系统】>>【新装增容及变更用电】>>【辅助管理】>>【功能】>>【送（停）电计划报送】

❶选择“计划类型”“服务区域”“计划周期”后，在“调度计划送电明细”中新增业扩流程号。

❷添加“用户意向接电时间”“产权分界点设备”“是否架空”“搭接点”信息，最后，计划管理人员选择送电时间及作业方式。

3. 送电前准备

（1）送电必备条件检查

工作内容

√ 应检查实施送电的必备条件是否全部具备。必备条件包括：

- ❑ 配套工程已竣工检验合格。
- ❑ 启动送电方案已审定。
- ❑ 客户受电工程已竣工检验合格。
- ❑ 供用电合同及有关协议均已签订。
- ❑ 业务相关费用已结清。
- ❑ 电能计量装置已安装检验合格。
- ❑ 客户电气工作人员具备相关资质。
- ❑ 客户安全措施已齐备。
- ❑ 停送电计划已申请。
- ❑ 专线客户已与电力调度部门签订调度协议。

工作内容

√ 告知客户送电时间及在送电前应预先完成的准备工作、注意事项及安全措施。

√ 在营销系统中打印填写《新装（增容）送电单》。

国家电网 STATE GRID　95598　12398

新装（增容）送电单

户　号	1704090963	流程编号	210608478309
户　名	[illegible]		
用电地址	浙江省绍兴市越城区马山街道马山行政村开源路C-6-2号地块		
联系人	金五一	联系电话	[illegible]
申请容量	1030	合计容量	1030

电源编号	电源性质	电源类型	供电电压	变电站	线路	杆号	变压器台数	变压器容量
1	专变	主供电源	交流10kV	兴蠖变	兴安C306线	2	2	1030

送电结果和意见：

已送电，供电正常。

送电人	[illegible]	送电日期	20年　月　日

客户意见：

确认送电。

客户签收：	[illegible]　20年　月　日

浙电营19-2020

①本单据机打。

②送电日期必须与系统日期相符不得涂改。

③送电人必须有运行人员、用电检查人员签字。

④客户签字并盖章。

（2）送电前现场检查

工作内容

√ 组织开展现场设备送电前的检查。检查内容一般包括：

- ❑ 检查一次设备是否正确连接，送电现场是否工完、料尽、场清。
- ❑ 检查所有保护设备是否正常运行，直流系统运行是否正常。
- ❑ 检查现场送电前的安全措施是否到位，所有接地线是否已拆除；所有无关人员是否已离开作业现场。
- ❑ 检查客户自备应急电源与电网电源之间的切换装置和联锁装置是否可靠。

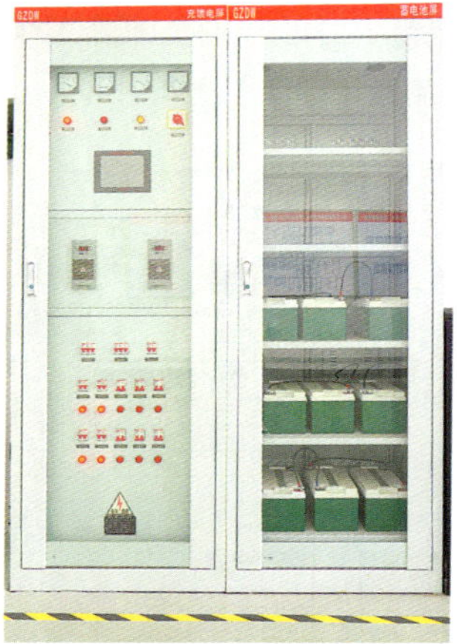

保护系统运行正常

封印齐全

送电现场料尽场清

4. 送电实施

工作内容

√ 指导客户的电气负责人，按照操作步骤实施现场的送电操作。

√ 按照《新装（增容）送电单》格式记录送电人员、送电时间、变压器启用时间及相关情况。

√ 将填写好的《新装（增容）送电单》交与客户签字确认，并存档以供查阅。

注意事项

√ 不得替代客户操作电气设备。

√ 送电操作过程发现疑问时，应停止送电，查明原因后方可继续送电，严禁带疑问送电。

√ 无特殊原因，竣工验收合格后，应在验收合格当天安排送电作业。

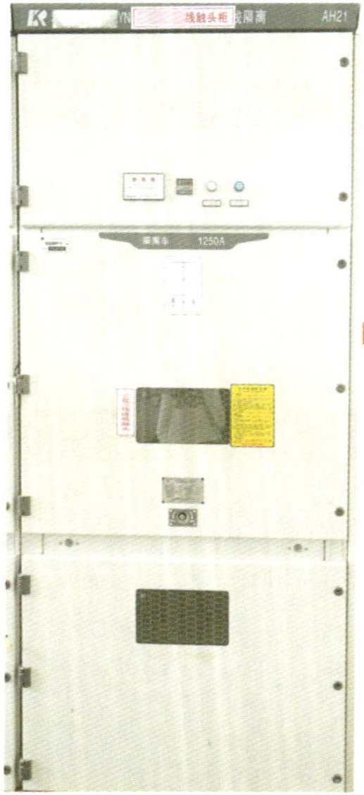

进线隔离柜

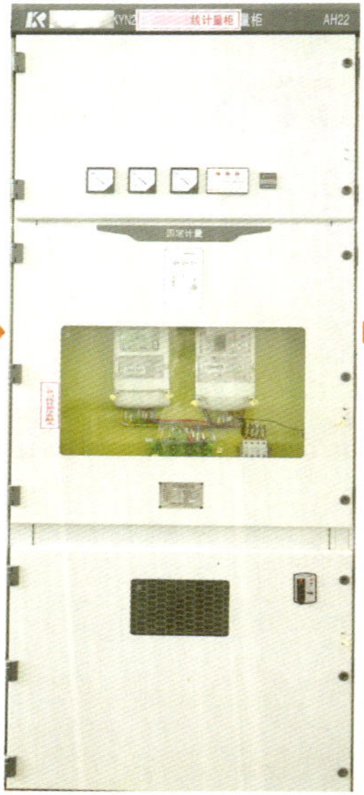

计量柜

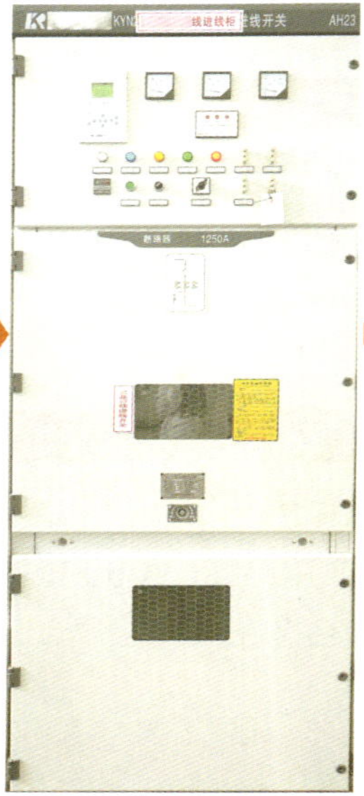

进线柜

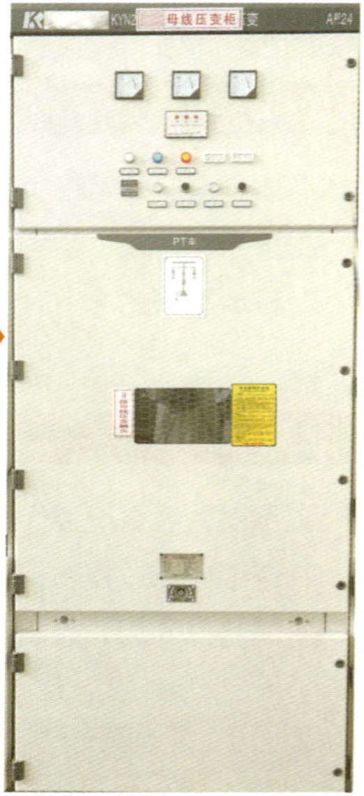

压变柜

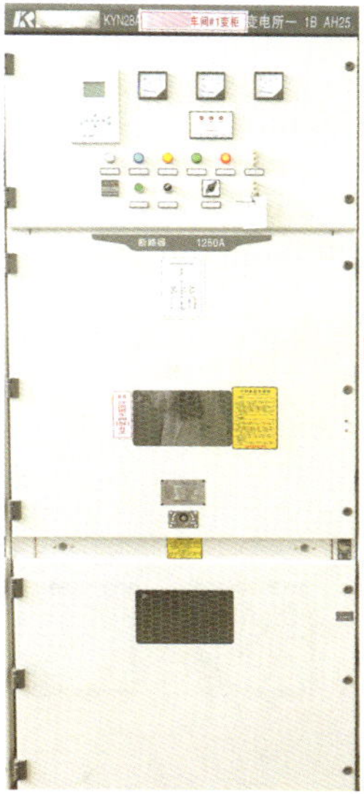

变压器柜

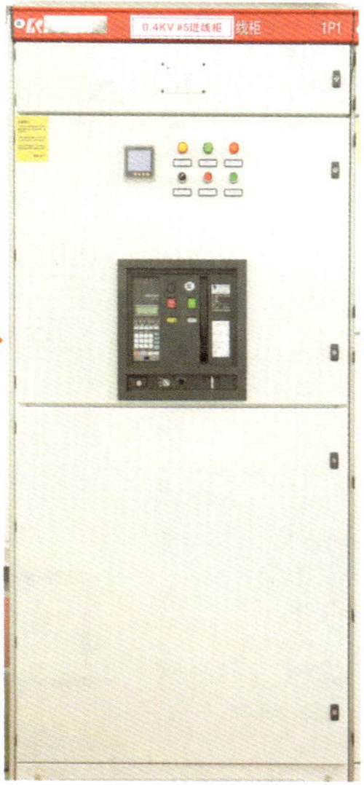

低压总柜

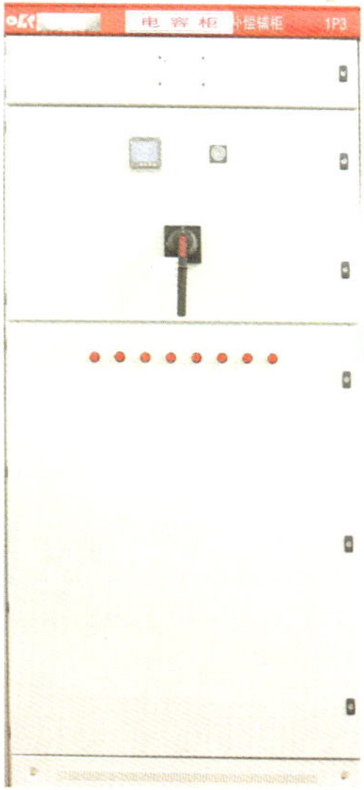

低压补偿柜

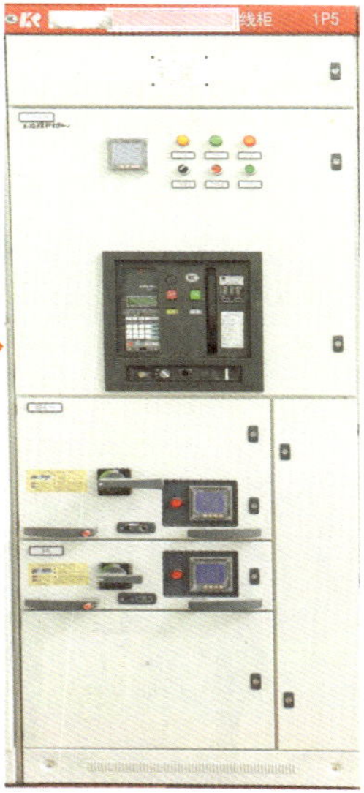

低压出线柜

5. 送电后检查

工作内容

√ 全面检查设备的运行状况。

√ 核对相位、相序。

√ 检查电能计量装置、用电信息采集终端运行是否正常。

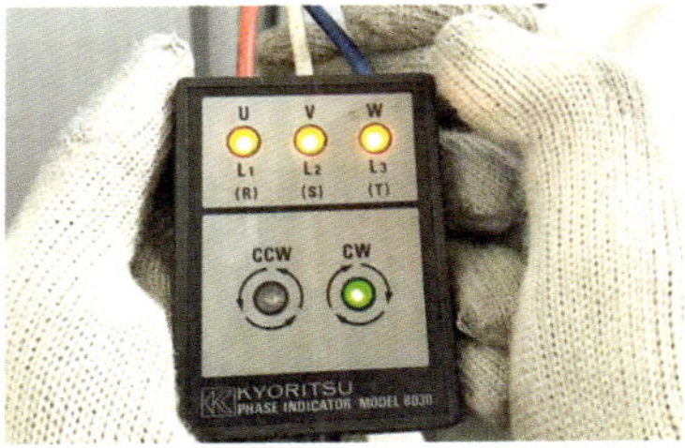

核对相序

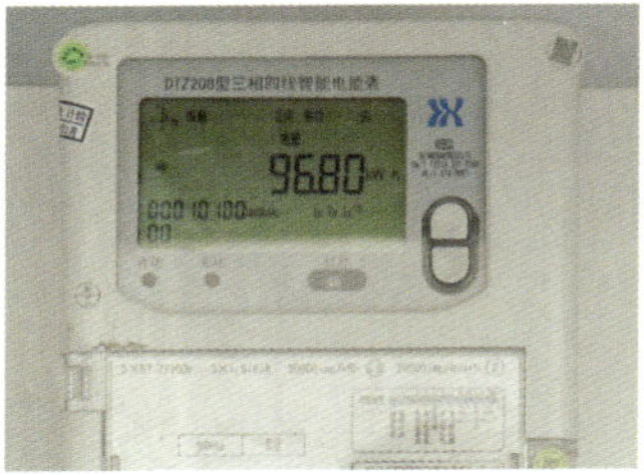

电能计量装置运行正常

三相电压指示正常

八 归档

（一）信息归档

工作内容

√ 审核客户待归档信息。主要内容包括：

❑ 供电电压、受电容量、供电电源数（单电源或多电源）、计量点与采集点设置。

❑ 电能计量装置配置类别及接线方式、计量方式、用电类别、电价分类及功率因数执行标准等相关信息。

√ 对审核中发现存在错误的信息，应启动相关纠错流程，并督促纠错。

√ 对审核完整的信息进行归档，完成信息系统内档案建立。

操作流程

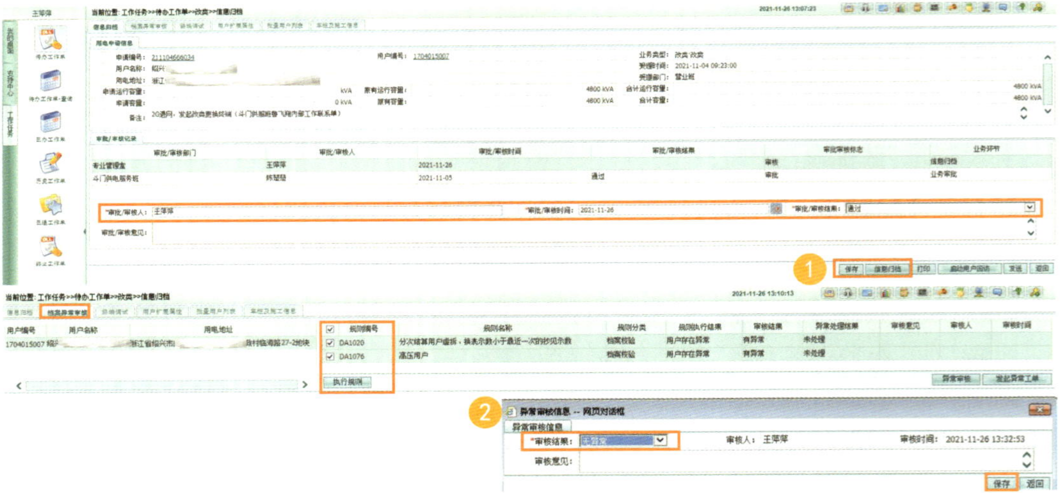

路径：【营销系统】>>【工作任务】>>【待办工作单】>>【改类】>>【信息归档】

❶填写“审批/审核结果”，点击【保存】。

❷点击【信息归档】，执行完毕；若信息归档异常，则点击【档案异常审核】【执行规则】，将“审核结果”选择为“无异常”。

（二）资料归档

工作内容

√ 接收客户待归档纸质资料。

√ 审核客户待归档纸质资料。主要内容包括：用电申请、供电方案答复、设计文件审核、中间检查、合同签订、竣工验收、装表接电等环节资料。

√ 对审核完整的纸质资料进行归档，完成档案系统内档案建立。

√ 对审核中发现的不完整的纸质资料，应退回相应部门，要求补充完整；对审核中发现存在错误的纸质资料，应督促相应部门及时整改。

操作流程

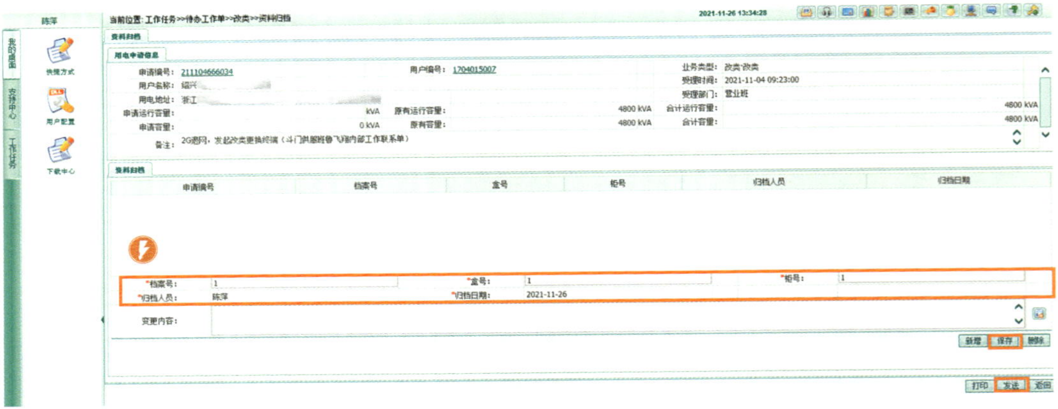

路径:【营销系统】>>【工作任务】>>【待办工作单】>>【改类】>>【资料归档】

❶填写“档案号”“盒号”“柜号”等信息，保存发送完成资料归档。

小贴士：资料电子化

工作内容

√ 各环节工作完成后，应按规定将客户提交的资料、工作表单实时扫描，拍照上传智能档案系统进行资料电子化处理，同时将流程发送至下一环节。

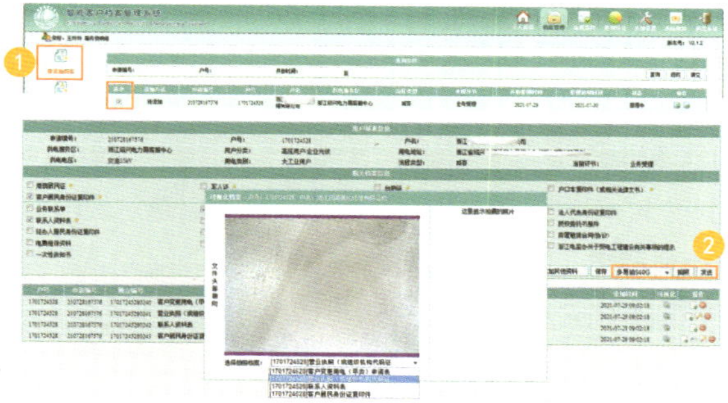

路径：【档案管理系统】>>【档案管理】

❶在“待添加档案”中选中待添加档案。

❷拍照上传后完成发送。

注意事项

√ 若客户资料或资质证件尚在有效期内，则无须客户再次提供。

√ 高压客户提交的资料，拍照或扫描录入档案系统后，根据“一户一档”的要求存档。

√ 对于同一申请用电主体，同时申请同一用电类别的多个业务时，只需对其中一个流程进行档案扫描录入，其他流程采取多户共享的形式执行。

√ 保证归档信息及资料的完整性和正确性。

√ 保证信息及纸质资料归档的及时性，对作业流程已经结束、超期未归档的资料，应启动催办程序，督促相关人员及时归档资料。

√ 在保证纸质档案及时归档的同时，还应特别注意电子档案信息系统内档案归档的及时性，避免对其他作业岗位的工作造成影响。

√ 客户纸质资料归档和营销系统归档应同步进行。

Part 3

服务保障篇 »

服务保障篇主要介绍了“阳光业扩”相关的管控平台，以及通过办电e助手进行客户互动的功能。旨在提升一线电力服务人员的数字化平台应用能力和客户服务意识。

一 管控平台介绍

“阳光业扩”全流程管控平台简介

“阳光业扩”全流程管控平台，是对所有业扩流程总体实施情况的管控平台。对于当前已实施的业扩项目，可通过该平台查看业扩全过程的实施情况、客户的互动情况以及“阳光业扩”的指标评价情况。可以覆盖全省的业扩开展情况，并针对各个市县供电单位的业扩开展情况进行动态管控，最小单位可准确到供电服务班组，为业扩工作的整体管控和提升提供依据。

“阳光业扩”全流程管控平台四大核心功能模块

“阳光业扩”全流程管控平台主界面

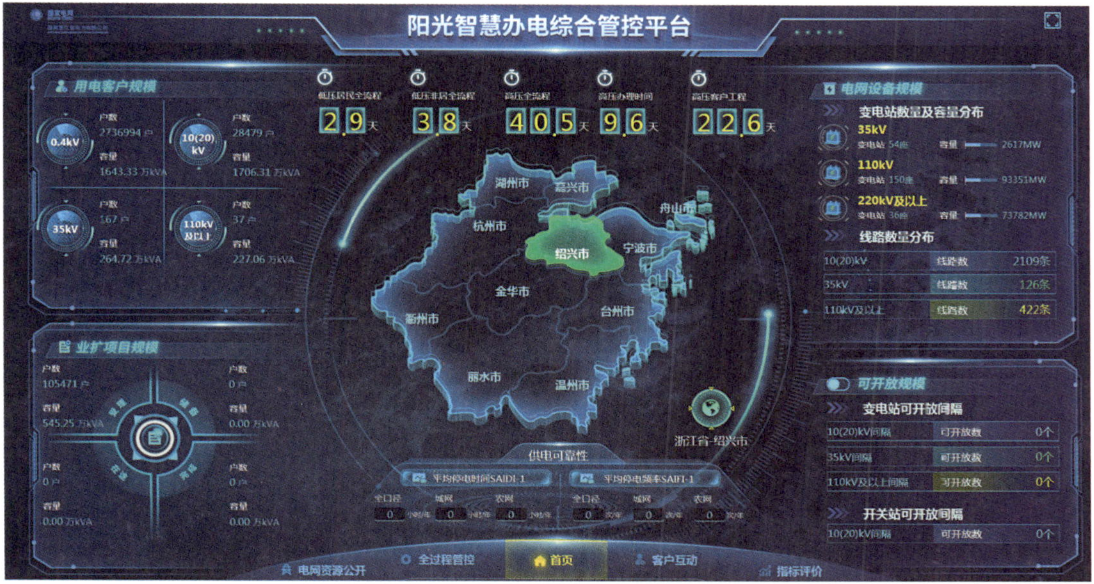

功能1：电网资源公开

通过电网资源公开功能能够查询了解所辖区域内主网变电站、配网线路、公用配变的数量和负载量。

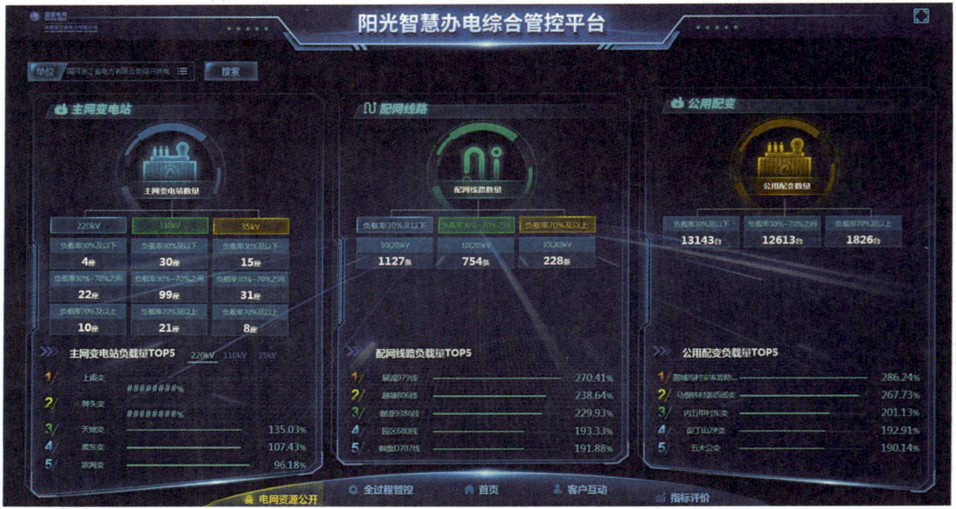

功能2：全过程管控

通过全过程管控功能能够查询各部门当前的协同任务、临期任务和超期任务，并可以监控当前在业务受理的数量和容量，以及供电方案答复、竣工验收、装表接电等环节的任务数量和临期、超期情况。

功能3：客户互动

通过客户互动功能能够了解所辖区域内高压业务和低压业务的受理户数和客户互动信息，如App互动、客户回访满意度和催办次数等，同时可看到各个办电环节的信息主动推送情况和服务调度信息。

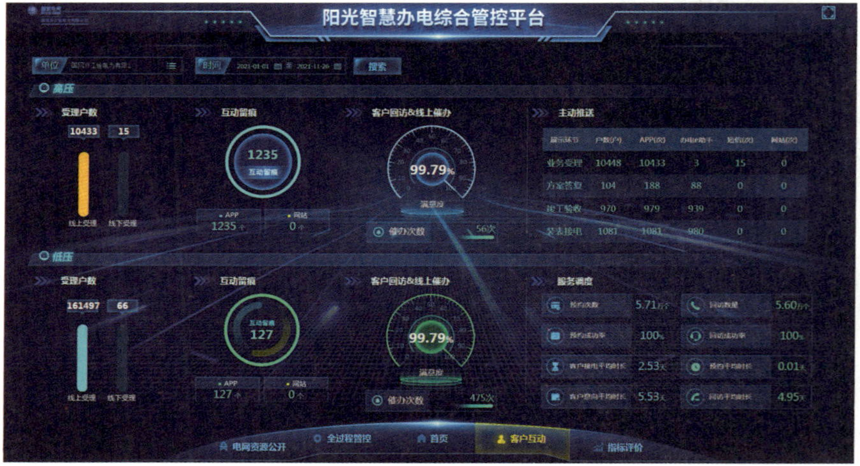

功能4：指标评价

指标评价主要是针对办电时长、办电环节、办电成本、便利透明度四个维度进行综合打分评价，便于了解阳光业扩各个重要指标的管控情况。

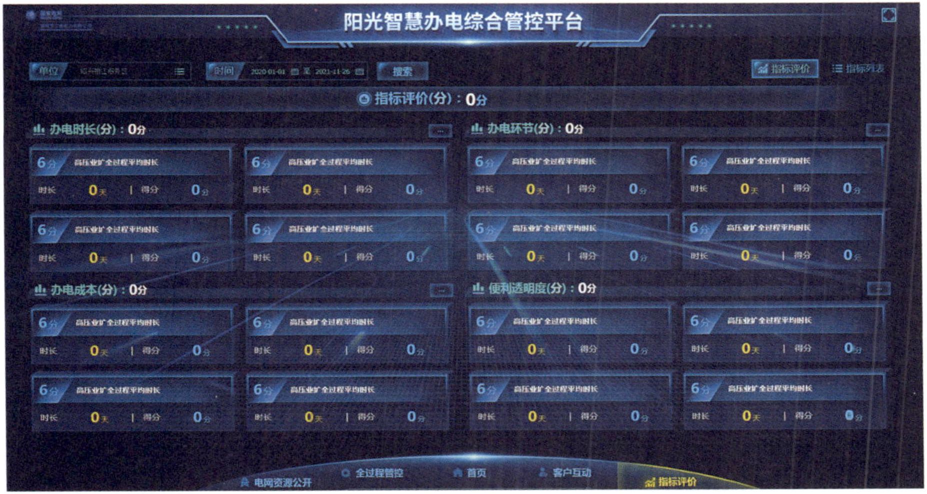

二 客户互动

（一）办电e助手

简介

办电e助手是一款基于电力客户需求的应用程序，引导客户体验业扩流程全景，快递式展示客户业扩办电全流程，实现客户、客户经理与工程相关方的快捷互动协同，让客户通过网上国网App或微信公众号入口体验工作痕迹溯源可控的便捷优质办电服务。

客户看版

客户经理看版

设计、供货、施工方看版

运检、发展、调度人员看版

1. 客户侧应用功能

功能简介

√ 多渠道多方互动：客户可通过网上国网App、国网浙江电力公众号进入办电e助手，参与办电全流程，并为客户、客户经理和配网管理人员设计施工方提供多方互动平台。

√ 一站式办电服务：支持办电资料在线提交，方便快捷，可随时查看环节审批进度，实现一键催办。

√ 环节信息更丰富：通过微信公众号、短信、网上国网App等向客户及时推送业务消息。

√ 快递式进程更透明：根据用电时间自动生成里程碑进度；随时编辑和查看施工信息，办电信息更具体，实现快递式进度推送。

2. 客户经理侧管理功能

功能简介

√ 项目管控：对项目进行实时管控，根据客户意向、接电时间、紧急程度安排工作计划，对项目进行分类把控，便于管理。项目动态、互动消息，通过飘红提醒、公众号信息推送的方式防止错过关键项目消息。群聊信息同步上传至营销系统。

√ 信息留痕：支持发起6类常用留痕（勘查时间变更、供电方案变更、工程实施延期、整改延期、意向接电时间、其他留痕），留痕后发送至聊天界面。留痕信息同步上传至营销系统。

√ 信息免录入：客户填写的信息，如工程信息录入、用电时间变更、经办人变更等，无须客户经理操作，自动同步至营销系统。

√ 协同作业：通过线上传递资料，发起协同任务流程，涵盖现场联合勘查、现场联合中间检查、现场联合竣工验收3大现场工作和供电方案联合审批、设计文件联合审批2类任务。

3. 设计、供货、施工方管理功能

功能简介

√ 主动参与：客户可直接在群聊中分享工程信息至设计施工单位对接人，开放权限查看客户里程碑，明确时间进程。

√ 明确责任：工程相应环节完成后，设计施工单位需填写完成时间，经客户确认后录入进程信息中，并在相应环节明显区分操作权限。

√ 服务对接：为受电工程单位提供工程施工、保护定值、新设备投运等环节信息上传入口，同步对接客户进程信息展示，推动受电工程建设进度。

4. 运检、发展、调度方管理功能

功能简介

√ 任务协同：可通过联合任务管理需要和客户经理协同完成的现场工作和审批任务，了解任务的进度。

√ 自主管理：因特殊原因无法参与的协同任务可以选择“不参与”并说明原因，减少管理成本。

√ 多方互动：可以通过即时沟通群与客户经理、客户、设计、供货、施工、等相关方在线互动。

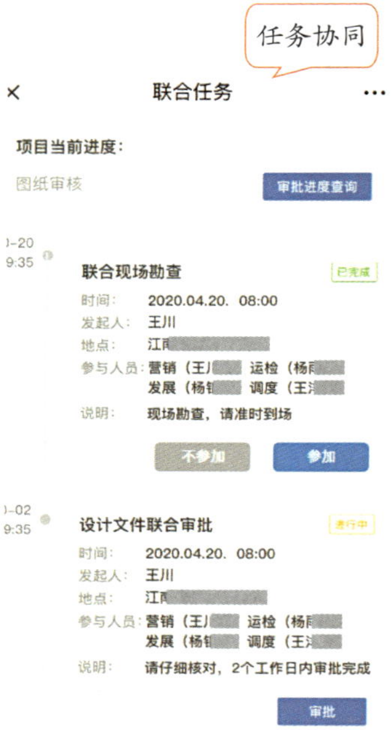

（二）信息公开查询

网上国网App信息公开

通过网上国网App线上信息公开，用户可自行了解项目收费及标准、查询典型设计案例、了解验收标准等信息，自主选择设计、施工、供货单位。

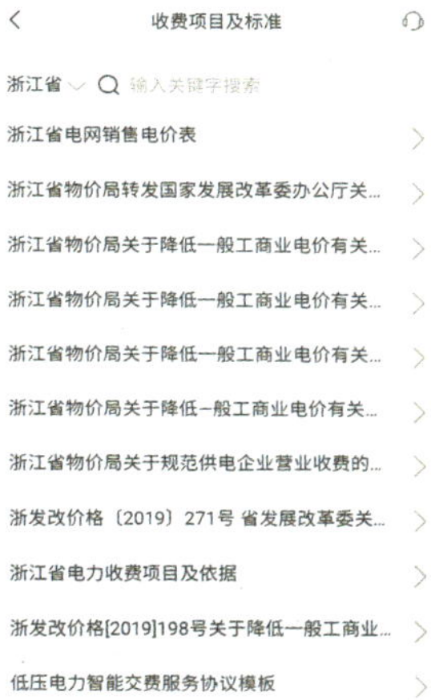

营业厅信息公开

通过营业厅电子屏和上墙信息等方式进行信息公开，帮助客户了解业务办理政策、流程等相关信息，营业厅工作人员可根据信息公开内容为客户进行详细介绍。

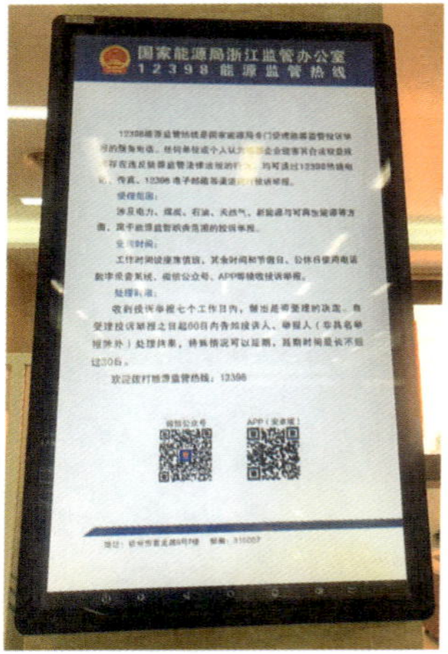